# 臺灣歷史與文化 研究輯刊

## 十五編

## 第 1 冊

## 日據時期台灣共產黨歷史再研究（上）

宋幫強 著

花木蘭文化事業有限公司

國家圖書館出版品預行編目資料

日據時期台灣共產黨歷史再研究（上）／宋幫強 著 — 初版 —
新北市：花木蘭文化事業有限公司，2019〔民 108〕
目 4+158 面；19×26 公分
（臺灣歷史與文化研究輯刊十五編：第 1 冊）
ISBN 978-986-485-603-9（精裝）
1. 共產黨 2. 日據時期 3. 臺灣
733.08                                          108000341

ISBN-978-986-485-603-9

9 789864 856039

臺灣歷史與文化研究輯刊
十五編　第一冊　　　　　　ISBN：978-986-485-603-9

**日據時期台灣共產黨歷史再研究（上）**

作　　　者　宋幫強
總 編 輯　杜潔祥
副總編輯　楊嘉樂
編　　　輯　許郁翎、王筑　美術編輯　陳逸婷
出　　　版　花木蘭文化事業有限公司
發 行 人　高小娟
聯絡地址　235 新北市中和區中安街七二號十三樓
　　　　　　電話：02-2923-1455／傳眞：02-2923-1452
網　　　址　http://www.huamulan.tw 信箱 hml810518@gmail.com
印　　　刷　普羅文化出版廣告事業
初　　　版　2019 年 3 月
全書字數　250585 字
定　　　價　十五編 25 冊（精裝）台幣 60,000 元

# 日據時期台灣共產黨歷史再研究(上)

宋幫強　著

## 作者簡介

宋幫強（1975～）男，江西九江人，閩南師範大學馬克思主義學院副教授，兩岸一家親研究院副院長，福建省統一戰線理論研究會兩岸關係理論漳州研究基地專家，南京大學博士後，中國近現代史專業，研究方向爲中共台灣地方黨史。近年來，在《中國社會科學（內部文稿）》、《中共黨史研究》、《黨史研究與教學》、《當代世界社會主義問題》等刊物發表論文 20 餘篇，出版專著 1 部；主持各類課題共 10 項，其中主持國家社科青年項目 1 項、教育部一般項目 2 項；先後入選「福建省高校新世紀優秀人才」和「福建省高校思想政治教育中青年傑出人才」。

## 提　　要

本書以「台灣總督府警務局」編的《台灣社會運動史》歷史檔案等資料爲依託，在馬克思主義唯物史觀和方法論的指導下，採用歷史研究方法和文獻分析方法，對日據時期的台灣共產黨作一研究。本書共分爲六個部分：

第一部分，闡述了台灣共產黨誕生的歷史背景。台灣共產黨的誕生與台灣的內部環境、外部環境有著非常密切的關係。以內部環境來說，日本在台灣殘酷的殖民統治，台灣日漸發展的民族運動；就外部環境來講，共產國際的東方戰略，日本、中國的共產主義運動相繼興起。

第二部分，探討台灣共產黨成立的來龍去脈。隨著國際共產主義運動的開展，共產國際對殖民地無產階級政黨組織的建立，也給予重視與支持。1928 年 4 月 15 日，在共產國際、日本共產黨、中國共產黨指導和幫助下，林木順、謝雪紅、翁澤生聯絡在祖國大陸、台灣地區和日本的臺籍共產黨員，在上海共同創立台灣共產黨。

第三部分，論述台灣共產黨政治大綱中的「台灣民族」、「台灣獨立」焦點問題。1928 年台灣共產黨政治綱領中的「台灣民族論」是日本共產黨忽視了台灣的特殊性而生搬硬套列寧的民族殖民地理論的產物。台灣共產黨政治綱領中的「台灣獨立」的眞實內涵是指台灣擺脫日本帝國主義統治的「獨立」，並非要從祖國、從中華民族大家庭之中「獨立」出去，希望藉此先自我解放，然後，待中國共產黨在祖國大陸的革命取得勝利後，再回歸祖國。

第四部分，探討台灣共產黨失敗的原因。共產國際「第三時期」理論與台灣共產黨「左」傾錯誤、日本警察的鎭壓、台灣共產黨黨員自身的不成熟都是導致其失敗的重要原因。

第五部分，探討台灣共產黨與日本共產黨、中國共產黨、共產國際的關係。台灣共產黨在成立時，是作爲日本共產黨的一個民族支部，在組織上屬於日本共產黨，然而，後來由於日本共產黨組織屢遭日本政府的破壞，台灣共產黨和日本共產黨的關係中斷，所以台灣共產黨更多地是在共產國際東方局和中國共產黨指導下開展活動的。

第六部分，探討台灣共產黨對台灣社會運動的影響。台灣的農民組合、文化協會和工會在台灣共產黨的領導下和組織下，一度掀起了台灣民族革命運動的高潮，給日本殖民者以沉重的打擊，在近代台灣地方史上寫下了輝煌的篇章。

2013 年國家社科基金青年項目
「日據時期台灣地區共產黨研究」
（13CDJ014）

2016 年教育部人文社科規劃基金項目
「光復初期台灣的中共地下黨研究」
（16YJA770011）

2017 年福建省新世紀優秀人才資助項目
「光復初期中共台灣省工作委員會研究」
（4112-B11737）

福建省高校思想政治教育中青年傑出人才支持計劃
「中國共產黨與台灣『二二八』事件」
【閩委教思〔2018〕41 號】

福建省教育科學「十三五」規劃 2016 年度課題一般項目
「當前台灣青年在閩求學狀況研究」
（FJJKCG—402）

閩南師範大學校級項目
「光復初期中共台灣地下黨研究」
（1012L21520）

**目次**

# 緒　論

## 一、選題緣由與選題意義

### （一）選題緣由

在 20 世紀 20 年代末 30 年代初，台灣的農民組合、文化協會和工會在台灣共產黨〔註1〕的領導下和組織下，一度掀起了台灣民族革命運動的高潮，給日本殖民者以沉重的打擊，在近代台灣地方史上寫下了輝煌的篇章。臺共黨史本應引起我們足夠的重視，但由於種種原因（譬如過去臺共史料缺乏及政治禁忌太多），以至日據時期臺共研究工作，進展得非常緩慢，並留下一些似是而非、模糊不清的問題，亟待我們去撥開它神秘的面紗。對此，1981 年 11 月曾任臺共二大中央宣傳部長蘇新說：「台灣共產黨的歷史，在中國歷史學上是一個『空白』。我們中國人，從來沒有人有系統地寫過台灣共產黨的歷史。原因很簡單，①在日本統治時期，日本統治者不允許寫，也沒有人敢寫（公開的）；②國民黨到台灣後，國民黨人忌諱共產黨，比日本人更厲害，有人談到共產黨，就本能地，條件反射地緊張起來，當然更不允許寫這樣的東西，即使寫了，也不能出版；③解放後，在祖國大陸，全面瞭解台灣共產黨的人很少（不論是大陸同胞，或是臺胞），而且現在寫這樣的東西，對祖國的社會主義革命和社會主義建設以及對解放台灣也沒有多大現實意義。」〔註2〕

---

〔註1〕正文中，為方便表述，「台灣共產黨」簡稱為「臺共」。
〔註2〕蘇新：《未歸的台共鬥魂》，台北：時報文化出版企業有限公司 1993 年版，128 頁。

　　近年來，隨著學術界研究環境的改善和新史料不斷地發掘，這就使得臺共研究成為可能。針對臺共研究至今還十分薄弱的狀況，筆者擬就以日據時期臺共作為研究對象進行研究，理由如下：

　　第一是基於個人的學術基礎與研究興趣。由於筆者在攻讀碩士階段所學的專業是中國共產黨〔註3〕黨史，所以筆者很自然對臺共產生了濃厚的興趣，於是想用自己以前所學的專業作為學術基礎，對臺共進行深入的研究。

　　第二是站在學術的立場上，筆者希望通過拙書的研究成果，能更清楚的呈現日據時期臺共的真實面貌，對於長期缺乏研究的日據時期臺共黨史，略盡一點綿薄之力，以供其他研究者參考。有鑑於此，筆者特撰此文，既是對此前的研究工作作一個簡要的回顧，也是期待引起學術界更多的關注，取得更為豐碩、系統，水準更高的成果。

### （二）選題意義

　　1. 學術價值：日據時期臺共黨史既是日據時期台灣地方史一個重要組成部分，又是國際共產主義運動史一個重要組成部分，因此，筆者通過對臺共黨史的研究，不僅可以拓展日據時期台灣地方史的研究領域，而且還可以豐富和發展國際共產主義運動史的研究。這對擴大中共黨史、中國革命史的研究領域也是非常有益的。

　　2. 歷史意義：通過研究、整理，還原臺共在這一歷史時期為反抗日本殖民者統治所進行的歷史活動，使後人對這段歷史有一個全面、深刻、正確的認識。

　　3. 現實意義：本書不僅釐清了被陳芳明等臺獨分子歪曲的臺共史實，而且對臺共政治大綱中的焦點問題（如「台灣民族論」、「台灣獨立」、「建立台灣共和國」）作了全面的論述，對「臺獨」分子的反動論調給予了嚴正批判，真實地反映了台灣地區共產黨人反對日本殖民者統治、復歸祖國而進行的英勇鬥爭，反映了他們要求回歸祖國的強烈願望。本書能使大家對臺共政治大綱中的焦點問題有一個清晰、正確的認識，更自覺地、更有效地反對「臺獨」勢力和一切分裂主義分子分裂祖國的陰謀，以維護祖國的主權與統一。此外，今天的各種刊物中關於臺共的研究十分稀少，甚至是大量的空白。看到這種不公正和不正常的現象，我們就感到很遺憾，感到對臺共革命先輩的內疚，感到某種的失職。努力把臺共革命先輩抗日的活動再現出來，使之廣為

---

〔註3〕正文中，為方便表述，「中國共產黨」簡稱為「中共」。

傳揚，重放光彩。這既是我們義不容辭的責任，也是我們對現代青年進行愛國主義教育和革命傳統教育的重要內容。

## 二、學術史回顧

### （一）大陸研究成果概述

建國以來，祖國大陸對日據時期臺共的研究，是一個非常薄弱的環節，究其原因，筆者想主要有兩點：一是由於臺共在政治大綱上曾經提出「台灣獨立」、「台灣共和國」等敏感性問題，所以臺共研究曾一度被視為「禁區」；二是史料缺乏且難以搜尋。（由於研究臺共的相關資料存於台灣島內相關典藏單位，獲取不易，因此在研究工作中往往遭遇「難為無米之炊」的窘境。）下面筆者對臺共有關研究情況作一簡要介紹。總體上來看大陸學術界對臺共的研究，基本上經歷了兩個階段：

#### 1. 1949～1978 年臺共研究基本上處於空白狀態

這一時期，由於受當時政治環境和史料缺乏的影響，學術界對臺共研究基本上處於空白狀態，即使臺共在台灣通史性著作中有所提及，也是三言兩語，非常簡短。據筆者所見，只有李稚甫在《台灣人民革命鬥爭簡史》（華南人民出版社 1955 年版）和劉大年、丁名楠、余繩武：《台灣歷史概述》（生活・讀書・新知三聯書店 1956 年版）著作中分別以 250 字和 300 字簡要地提到臺共。

#### 2. 1978～至今為臺共研究的起步階段

中共十一屆三中全會以後，學術界研究環境的日益寬鬆，開始湧現了少量關於臺共研究成果。

##### （1）發表的論文

就筆者目前所能見到的，直接以臺共為主題的論文有 7 篇，現將所見論文分而述之。

海貝：《歷史上的台灣共產黨》（《福建黨史月刊》1991 年第 6 期），全文約 380 字。該文對臺共的歷史（從誕生到消亡的發展歷程）作了簡要的常識性介紹。該文既無注釋又無參考文獻，也未說明撰寫的史料依據。

林其泉：《臺共的興亡及其與共產國際、日共、中共的關係》（《台灣研究》1992 年第 2 期），全文約 9200 字。針對美國學者弗朗克・S・T・蕭和勞倫斯・R・沙里文在《台灣共產黨的政治歷史（1928～1931 年）》（《台灣

研究集刊》1986年第2期和第3期）一文中，提出了「將臺共失敗的原因歸咎於臺共在組織上對中共的依賴」的觀點，林其泉教授對此觀點進行了批駁，認為臺共失敗的主要原因有兩個，一是共產國際影響下的臺共內部「左」傾機會主義逐漸占上風，導致臺共不斷採取冒險主義的做法；二是日本警察的鎮壓。該文還對臺共成立、內部紛爭，並且對其最後終告覆亡的史實，都有詳細的討論，具有重要的參考價值。然而，該文美中不足的是：所用的史料二手資料（陳碧笙：《台灣地方史》、喜安幸夫：《日本統治台灣秘史》）居多，並出現了個別史實錯誤（如謝雪紅本是赴莫斯科東方大學學習，而作者卻說她是赴莫斯科中山大學學習）。

陳小沖：《「台灣民族論」不能成立──1928年台灣共產黨政治大綱擬定過程剖析》（《當代世界與社會主義》1993年第2期），全文約6000字。針對台灣學者史明、盧修一等人出於臺獨的政治立場，利用臺共的「台灣民族論」及其「台灣獨立」、「建立台灣共和國」主張來混淆視聽，為了澄清史實，台灣地方史研究專家陳教授用大量的一手史料（山邊健太郎：《現代史資料22：〈台灣〉（二）》、日本共產黨中央委員會：《日本共產黨綱領集》）進行論證，提出了「台灣民族論」不能成立的觀點。作者從歷史的角度分析了大陸移民不僅去臺的時候是漢族，而且在歷史發展的各個時期也同樣是漢族，從來就沒有變異成為所謂的「台灣民族」，台灣人民始終是中華民族的一部分；並進一步分析了臺共的「台灣民族論」等主張的由來，指出1928年臺共的政治大綱並不是由臺共自己來制定的，而是由其上級日本共產黨〔註4〕依據共產國際指示起草的；日共提出「台灣民族論」的本意，是為了幫助台灣人民爭取民族（日本帝國主義侵佔的台灣地區的中華民族）解放，是針對殖民宗主國日本帝國主義而不是中國，臺獨分子機械套用日共「台灣民族論」來叫囂台灣獨立，分裂祖國，顯然是對歷史的歪曲。該文對研究1928年臺共政治大綱具有重要的參考價值。

王晉源：《台灣共產黨成立始末》（《四川黨史》1994年第5期），全文約3600字。該文對臺共的成立及成立後所從事的革命活動作了較為詳細的論述。但由於該文基本上是二手資料的薈萃，所以它的學術價值有限。

林浣芬：《歷史上的台灣共產黨》（《福建師範大學學報（哲社版）》1995年第2期），全文約11000字。該文對歷史上臺共的產生、發展和消失及其歷

〔註4〕正文中，為方便表述，「日本共產黨」簡稱為「日共」。

史地位和作用等問題進行了較深入的系統研究，是迄今大陸較爲全面、系統的研究成果，具有重要的參考價值。然而，該論文也存在一些瑕疵：如所用大部分的史料都是轉引別人著作（如盧修一：《日據時代台灣共產黨史》）當中的第一手史料。由於作者掌握臺共的一手史料非常有限，從而使得對臺共一些重要問題研究（如臺共產生的具體經過是怎樣的？臺共是怎樣被日警破壞的？等等），至今仍然含糊不清，沒有得到眞正的解決。

　　張春英：《共產國際與台灣共產黨的創立》（《湖北行政學院學報》2007 年第 1 期），全文約 8000 字。該文認爲共產國際爲臺共創立作出三大貢獻，即爲臺共創立提供理論基礎、爲臺共創立培養主要創黨成員、直接指導臺共的成立。該書提出一些富有新意的觀點，深化了臺共領域的研究。該文觀點新穎，論述充分，具有重要的參考價值。令人遺憾的是論文大多是採用二手材料（陳孔立：《台灣歷史綱要》、陳小沖：《日本殖民統治台灣五十年史》、史明：《台灣人四百年史》）。

　　張春英：《民主革命時期台灣共產黨與中國共產黨關係之研究》（《中共黨史研究》2008 年第 5 期），全文約 10000 字。該文對臺共與中共的關係作了充分地論證，指出臺共的成立、活動、發展、失敗，直至演變，均受到中共直接或間接的指導和影響。該文是迄今研究臺共與中共關係最高水平的學術成果，它對本文創作具有很大的啓發作用。

　　內容涉及到臺共的論文有 4 篇，現將所見論文分而述之。

　　肖彪、楊錦和、王炳南、許偉平：《臺共先烈翁澤生》（《黨史研究與教學》1985 年第 3 期），涉及臺共的部分約 5600 字。由於翁澤生是臺共的創始人之一，所以該文用了一半的篇幅對翁澤生參與臺共的重要活動進行了論述，尤其是對翁澤生創建臺共的具體過程、傳達共產國際要求臺共中央進行改革的指示的事情都進行了較深入的論述。由於該文較多用了其他臺共親歷者的回憶等材料，（如 1975 年 4 月 29 日蘇新所寫《關於翁澤生的歷史材料》；王萬得關於「臺共」歷史的回憶材料）因此，它具有較高的學術價值。

　　王炳南：《臺籍女黨員謝志堅》（《福建黨史月刊》1986 年第 3 期）。由於謝志堅（翁澤生之妻）是臺共的普通黨員，所以該文在論述謝志堅革命事蹟時，非常簡要的談到她參加了臺共的活動概況（約 300 字）。

　　馮海燕：《謝雪紅與臺共、臺盟》（《濟寧師專學報》1999 年第 2 期），涉及臺共的部分約 3200 字。由於謝雪紅是臺共的靈魂人物，所以該文對謝雪

紅參與臺共的創建和領導臺共在島內開展活動作了論述,但基本上是沿襲前人的說法,個人獨立的見解少。

陳宗海:《中國共產黨與台灣社會黨團早期關係探析》(《湖北大學成人教育學院學報》2003年第3期),涉及臺共的內容約1800字。該文從兩方面對中共和臺共的關係作了論述:一方面論述了中共幫助並指導臺共的成立;另一方面論述中共如何指導臺共二大的召開。由於該文利用新發掘的史料(蘇新:《未歸的臺共鬥魂》)對中共和臺共的關係作了初步的研究,具有一定的創新性。

(2)出版的著作

據筆者所見,至今尚無專門研究臺共的專著問世,有 7 部著作闢有部分章節對臺共予以介紹和論述。

陳碧笙:《台灣地方史》(北京:中國社會科學出版1982年版)第18章(五四運動後的文化啓蒙運動和工農運動)第3節(農工運動的發展和台灣共產黨的鬥爭)第3目「台灣共產黨的建立和鬥爭」,全目約1400字。陳孔立:《台灣歷史綱要》(九洲圖書出版社1996年版)第6章(日本統治的50年)第3節(民族抵抗的社會運動)第2目「農工運動與台灣共產黨」,該目論述臺共內容約 1500 字。陳小沖:《日本殖民統治台灣五十年史》(社會科學文獻出版社2005年版)第4章(民族運動)第4節(農工運動及台灣共產黨),該目論述臺共內容約 4000 字。這些著作都運用一手史料(「台灣總督府警務局」:《台灣社會運動史共產主義運動》和山邊健太郎:《現代史資料22:〈台灣〉(二)》)對臺共的成立及其所從事的革命活動作了較爲深入、較爲全面的研究,是迄今大陸研究臺共最爲權威的研究成果。然而,以上三本書主要是從宏觀角度進行研究的,因此,關於臺共的歷史均寫的比較簡略,缺乏細節。

安然:《台灣民眾抗日史》(臺海出版社2003年版)第5編(台灣的抗日民族解放運動)第2章(台灣民族解放運動的發展與高潮)第5節(台灣共產黨的活動),全節約3800字。該節對臺共的成立以及發展過程中的內部紛爭,並且對其最後終告失敗的史實,作了概要性的論述。該節既無注釋又無參考資料,也未說明撰寫的史料依據。

張春英:《海峽兩岸關係史》第二卷(福建人民教育出版社2004年版)第8章(從五四運動到台灣光復期間海峽兩岸革命情結)第2節(大革命時

期海峽兩岸政黨之間的聯繫）第 1 目「台灣共產黨與中國共產黨」，全目約
9500 字。該目對臺共準備及成立時期與中共的支持、臺共挫折時期中共的支
持、臺共成立對台灣革命的影響作了比較詳實的論述。然而，由於可能受史
料缺乏的緣故，該目使用大量二手資料（如陳碧笙：《台灣地方史》、盧修一：
《日據時代台灣共產黨史》）。

　　何池：《翁澤生傳》（海風出版社 2004 年版）第 5 章（創建台灣共產黨）、
第 6 章（身負特殊使命的駐滬聯絡員）、第 7 章（爲重建台灣黨組織而努力），
三章共約 6 萬字。由於這三章用了大量的一手資料（警察沿革志：《台灣社
會運動史共產主義運動》、謝雪紅口述、楊克煌筆錄：《我的半生記》、王萬
得：《王萬得回憶錄》等），對翁澤生創建臺共及其爲臺共所從事的革命活動
作了翔實地記述，這對於臺共的研究具有重要的參考價值。然而，該書對臺
共多局限於對史實的敘述和鋪陳，對很多問題是淺嘗輒止，沒有進行深度分
析。

　　田鶴年、李永銘、陳奇文、郝駿：《臺海歷史縱橫》（華文出版社 2007 年
版）第 18 章（中國共產黨早期爲收回台灣主權所作的努力）第 2 節（支持台
灣地區的共產黨人的鬥爭），該節約 3300 字。該節使用一手資料（蘇新：《未
歸的臺共鬥魂》和警察沿革志：《台灣社會運動史共產主義運動》），對中共給
予臺共（從成立到失敗）大力的支持作了較深入的論述，具有一定的學術價
值。然而，該節存在一些史實錯誤：如臺共只存在 4 年，而該節卻說臺共歷
時約 5 年；林木順、謝雪紅是 1925 年赴蘇聯留學，卻說他們是 1926 年赴蘇
聯留學。

### （二）台灣研究成果概述

　　在國民黨取消戒嚴令之前，台灣學術界對臺共的研究，也存在兩大障
礙：第一，有關臺共的史料，向來缺乏。這是因爲，臺共的終極目標是用革
命手段來推翻日本殖民統治，所以該黨的言論很難在當時雜誌報紙發表出
來。即使臺共所主持的雜誌，如《新大眾時報》，在出版後，往往就遭到查
禁。第二，在日本殖民者與蔣氏父子「白色恐怖」統治時期，台灣社會任何
有關社會主義思想的討論，以及任何觸及共產黨的研究，都是被視爲「非法」
的，所以這一領域成了不便涉獵的「禁區」，少人問津，鮮爲人知。20 世紀
80 年代末，台灣島內政治環境改變之後，開始出現少量的關於臺共研究成
果。總體上來看台灣學術界對臺共的研究，基本上也經歷了兩個階段：

1. 1933～1987 年臺共研究成果寥寥無幾。

這一時期，關於臺共的研究成果只有 2 部著作，論文則一篇也沒有。現將所見研究成果分而述之。

黃師樵：《台灣共產黨秘史》（新竹桃園：黃師樵發行出版 1933 年版），該書約 3 萬字，海峽學術出版社 1999 年再版。該書敘述了臺共的成立、臺共被逮捕的具體經過和被逮捕臺共黨員個人簡介的史實。

史明：《台灣人四百年史》（蓬萊島文化公司 1980 年版）第 10 章（日本帝國主義統治下的台灣）第 5 節（台灣人的「抗日」與台灣人意識）第 11 目「台灣共產黨」，全目約 6.5 萬字。長期旅居日本的臺獨學者史明用大量的一手史料【主體史料為《警察沿革志第二篇領臺以後的治安狀況（中卷）》、山邊健太郎：《現代史資料 22：台灣（二）》】，對臺共作了較系統的、填充空白式的開創性研究。文中對臺共的政治、思想背景、臺共的成立以及發展過程中的內部紛爭，並且對其最後終告失敗的史實，都有詳細的討論。然而，由於他的研究是出於臺獨的政治目的，所以其觀點主觀成分居多，且多為政治論述，歷史的分析寥寥無幾，以主觀推斷代替史實分析的現象仍多存在，從而使其學術水平大打折扣。

2. 1987～至今為研究的初步發展階段

1987 年國民黨在取消戒嚴令後，台灣學術界研究環境的日益寬鬆和臺共史料相繼問世，台灣開始出現了少量關於臺共的研究成果。下面筆者對臺共有關研究情況作一簡要介紹。

（1）發表的論文。

就筆者目前所能見到的，直接以臺共為主題的論文只有 2 篇。

王玉：《台灣抗日運動的左翼：從「上海綱領」看台灣共產黨的建黨本質》（《逢甲人文社會學報》2002 年第 4 期），全文共 5 章，1.6 萬字。該文使用大量馬列經典著作（《馬克斯、恩格斯選集》第一、三卷，《列寧全集》第五、八、十三、廿二、卅一卷，《斯大林全集》第二、四卷），將臺共綱領與唯物史論與東方革命論、社會主義革命的民族論結合起來進行論述，指出臺共的建黨本質具有民族主義、國際主義、階級鬥爭的三重特點，視角新穎，見解獨到，有創意。可惜的是文中使用了一些關於臺共的二手資料（如盧修一：《日據時代台灣共產黨史》、簡炯仁：《台灣共產主義運動史》），降低了其的學術價值。

楊世名:《工會運動與共產主義運動》（台灣政治大學2004年碩士論文），全文共5章，1.3萬字。該文全部使用二手資料（盧修一:《日據時代台灣共產黨史》、簡炯仁:《台灣共產主義運動史》、陳芳明:《殖民地台灣：左翼政治運動史論》），對臺共產生的根源、臺共的成立、臺共在臺的重建、台灣的工會運動、臺共的重組與共產主義運動的失敗作了論述。然而，該文大部分內容停留在一般性論述，甚至簡單重複的層次上，創新性研究不夠。

（2）出版的著作

有2本研究臺共的專著。

盧修一:《日據時代台灣共產黨史》，（前衛出版社1989年版），全書共八章，15萬字。

該書基本上是用第一手史料【《警察沿革志第二篇領臺以後的治安狀況（中卷）》、山邊健太郎:《現代史資料22：〈台灣〉（二）》】，對臺共作了深入、全面和比較客觀、實事求是的研究，它是迄今研究臺共最高學術水準的專著，爲進一步研究臺共黨史奠定了基礎，至今對我們研究仍有很大啓發作用。

該書共三部分，第一部分首先探討日本殖民統治的特徵，並簡述台灣的民族主義運動。其次，描述了在中國、在日本、以及在台灣所興起的台灣共產主義思潮，這些思潮乃是臺共建黨的根據。最後，針對臺共成立的過程、臺共的政治方針及組織狀態，予以分析和說明。第二部分則在闡述有關臺共的演變，包括內部的權力鬥爭、共產國際干預後的重整，一直到臺共的徹底失敗。第三部分在分析臺共與共產國際、日共、中共之間的關係，以期在國際共產主義運動的範疇內爲臺共定位。最後，說明了在台灣整體政治運動、社會運動中臺共所扮演的角色。然而，它也有一些不足：

一是作者所研究的臺共史料非常有限。由於當時作者在寫作時，臺共當事人的回憶錄、日記等重要史料尚未發掘，從而使得臺共一些重要問題研究（例如謝雪紅和林木順是否爲中共黨員，他們爲什麼會去莫斯科東方大學學習？共產國際向謝雪紅、林木順就臺共成立之事又下達怎樣的指示？如臺共產生的具體經過是怎樣的？等等），至今仍然含糊不清。

二是存在著偏重於對這專題的現象研究，而對這種表象背後的本質與規律揭示還不夠深。例如臺共爲什麼會重新改組？作者將原因歸結爲臺共內部謝派和翁派的宗派主義鬥爭，然而，這實際上是表象，筆者通過研究發現，臺共分裂的眞正原因是共產國際錯誤理論（第三時期理論）的指導。

　　三是有少數錯誤的觀點。例如，針對臺共曾經提出「台灣獨立」的口號，作者認為，臺共的目的是將台灣作為一個獨立的國家存在於國際社會。而筆者通過對當時歷史環境的分析，臺共提出「台灣獨立」，其抗爭對象是日本殖民者，目的是要台灣擺脫日本血腥的殖民統治，然後再回到祖國的懷抱，是維護祖國領土完整和民族利益的愛國主義英雄之舉。

　　簡炯仁：《台灣共產主義運動史》，（前衛出版社 1997 年版），全書共 5 章，10 萬字。

　　該書基本上是用一手史料【主體史料為《警察沿革志第二篇領臺以後的治安狀況（中卷）》、山邊健太郎：《現代史資料 22：〈台灣〉（二）》、臺共當事人和當時人的訪問資料】，對臺共作了較深入、較全面的研究，具有較高的學術價值。

　　該書共五章：第一章概述當時台灣的殖民社會中，台灣知識分子的民族主義者及左派分子崛起的情形；第二章敘述 1928 年臺共成立的歷史背景；第三章說明臺共剛成立時遭日警的破壞後，如何在臺重建及其活動的情況；第四章詳述臺共內部的派系鬥爭，如何引發民族主義和共產主義革命策略的大辯論，以及又如何導致 1931 年黨的改組；第五章總結臺共最後失敗的情況。同樣，它也存在與《日據時代台灣共產黨史》著作相類似的缺陷：

　　一是史料匱乏，致使文中出現一些不應該的史實錯誤。例如，1925 年 10 月，中共推薦謝雪紅、林木順和林仲梓三人赴莫斯科東方大學學習。（見謝雪紅口述、楊克煌筆錄：《臺魂淚（一）：我的半生記》，第 183 頁）而作者卻在文中說，1926 年，陳其昌與謝雪紅、林木順一起被中共推薦到莫斯科進修。（見簡炯仁：《台灣共產主義運動史》，第 102 頁）此外，還有一些，就不一一列舉了。

　　二是存在著偏重於對專題的現象研究，而對這種表象背後的本質與規律揭示還不夠深。

　　三是在研究方法上，以主觀推斷代替史實分析的現象仍多存在。歷史研究本應抱著實事求是的原則，而作者卻持著強烈的政治意識，借臺共研究表達偏激的政治見解。例如臺共為什麼會失敗？作者認為，臺共如初生的嬰兒，卻在來自父權（中共）與母權（日共）的產權鬥爭中，被中共失手掐死了。這種說法就嚴重背離了歷史的真實。

　　部分內容涉及到臺共的著作有 5 本，現將所見著作分而述之。

　　楊碧川：《日據時代台灣人反抗史》（稻鄉出版社 1988 年版）第 4 章（反抗運動的激烈化）第 5 節（民族解放的前衛黨）至第 5 章（反抗運動的沒落）第 4 節（臺共與勞工運動），共五節，約 4.5 萬字。作者用了大量的一手史料【《警察沿革志第二篇領臺以後的治安狀況（中卷）》、山邊健太郎：《現代史資料 22：〈台灣〉（二）》】和少量的二手史料（黃師樵：《台灣共產黨秘史》等）對臺共的成立、臺共綱領、臺共內部紛爭、臺共的失敗以及臺共滲透到文化協會、農民組合、工會所從事的革命活動都作了較爲深入的研究，具有一定的參考價值。可惜的是，文中的一手史料來源比較單一，還存在一些史實錯誤（如文中說，1925 年謝雪紅就已認識翁澤生、蔡孝乾等人。實則不然，謝雪紅在《我的半生記》裏，就明白地指出，1927 年她和林木順爲了籌建臺共，才開始與翁澤生、蔡孝乾等人接觸）。

　　陳芳明：《謝雪紅評傳》（前衛出版社 1991 年版）第 2 章（孤傲花的誕生）至第 8 章（從分裂到崩壞），共約 6.5 萬字。在他所寫的以謝雪紅爲中心的臺共歷史中，該書對謝雪紅參與臺共籌建工作、回島從事革命活動作了詳細的論述。陳芳明：《殖民地台灣：左翼政治運動史論》（麥田出版社 1998 年版），共約 15 萬字。該書試圖釐清殖民地政治運動的疑點，使臺共、日共、中共之間錯綜複雜的歷史關係得到明晰的詮釋，並且對臺共領導人謝雪紅、林木順、翁澤生與蘇新的生平與思想作了深入的探討。

　　上述兩本著作，由於陳芳明從他的「臺獨」政治立場出發，任意地去「書寫」臺共黨史，所以這兩本書無論在史實上還是論點上都普遍存在錯誤，學術價值非常有限。例如：陳芳明將臺共「改革同盟」開除謝雪紅黨籍奪取領導權的內訌歸因於臺共「上大派」奉中共中央之命剔除日共系統的謝雪紅，完全是出於臺獨偏見的曲解。姑且不論謝雪紅是中共黨員的事實，單從謝雪紅本身就讀上海大學，而本爲日共黨員的蘇新與農民組合的趙港等人與中共並無淵源，卻也群起反對謝雪紅，使謝雪紅陷於四面楚歌，孤立無援中，就可得知所謂中共的「上大派」與日共系統的謝雪紅對立這種分類法是粗造不堪，難以說明問題。此外，他還出於臺獨的政治立場，竭力歪曲史實，盡力切割臺共與中共的關係，強調臺共是日共的台灣民族支部，與中共共處於平行、獨立、自主的地位，中共非但無助於臺共的發展反而破壞共產國際「一國一組織」的原則，力圖控制臺共、篡奪臺共領導權，於是造成臺共分裂，導致臺共組織遭到「台灣總督府」的摧毀。

　　戚嘉林：《台灣史》第四冊，（農學股份有限公司 1998 年版）第 44 章（台灣共產黨與台灣民眾黨）第 1 節（台灣共產黨成立）至第 4 節（臺共的分裂與沒落），共約 8500 字。這四節對臺共的成立、臺共領導農民組合和文化協會開展活動、臺共的分裂與沒落作了較為詳細探討。由於第 1 節使用新發掘的一手史料（謝雪紅口述、楊克煌筆錄：《我的半生記》），從而使得臺共成立研究取得了突破性的進展；然而後面三節使用了大量的二手材料（盧修一：《日據時代台灣共產黨史》、陳芳明：《謝雪紅評傳》），大部分內容仍停留在簡單重複的層次。

　　林國章：《民族主義與台灣抗日運動（1895～1945）》（海峽學術出版社 2004 年版）第 4 章（非武裝抗日時期民族運動的形式與方向）第 5 節（左翼共產主義運動），約 8500 字。該節對台灣共產主義運動與民族運動的關係、台灣共產主義運動發展的源流以及臺共建黨的歷史意義作了論述。由於該節使用大量的二手材料（如史明：《台灣人四百年史》、簡炯仁：《台灣共產主義運動史》、黃師樵：《台灣共產黨秘史》、盧修一：《日據時代台灣共產黨史》），使其學術水平大打折扣。

　　陳君愷：《狂飆的年代──1920 年代台灣的政治、社會與文化運動》（日創社文化 2004 年版）第 5 章（「台灣民族獨立」與「建設台灣共和國」），約 6200 字。該章對臺共的成立、臺共領導文協和農民組合開展活動、赤色救援會的成立和臺共的失敗作了初步的探討。全文既無注釋又無參考文獻，也未說明該文撰寫的史料依據。

## （三）海外研究成果概述

### 1. 發表的論文。

　　就筆者目前所能見到的，直接以臺共為主題的論文和論著各 1 個。

　　【美】Hsiao, Frank S., and Lawrence Sullivan. 1983. *A Political History of the Taiwanese Communist Party. Journal of Asian Studies* 42, no. 2: 269～289. 美國學者弗朗克・S・T・蕭、勞倫斯・R・沙里文：《台灣共產黨的政治歷史（1928～1931 年）》（《台灣研究集刊》1986 年第 2 期和第 3 期），共約 1.6 萬字。該文探討臺共的歷史及其內部的政治狀況，研究的重點放在臺共短暫的政治史中影響黨的發展的人物和事件；還特別回顧 1928 和 1931 年黨所通過的兩個主要的「政治綱領」，分析了台灣的社會政治特徵，概括了臺共的

革命策略；討論日共、中共和第三國際對臺共政策的形成和內部政治分裂的產生所發生的影響，並考察臺共對台灣國際地位和台灣擺脫殖民地後與中國的關係等問題上所持的立場。該文對臺共進行比較系統和深入的研究，具有較高的學術價值，但是它也存在諸多問題。

一是研究欠缺嚴格的學術規範。作者在引用史料的時候，並沒有標明史料來自何處，而只是在文中籠統的說，他們對臺共這三年歷史的研究是建立在對日本所公開的大量黨史材料的彙集上。

二是文中存在一些史實錯誤。例如 1923 年，謝雪紅隨丈夫張樹敏在去上海的路上，與林木順、李友邦等三人在船上偶然相識。（見謝雪紅口述、楊克煌筆錄：《我的半生記》，第 145 頁）而作者卻說 1925 年，謝雪紅、林木順躲過台灣警察的追捕，逃到上海。另外還有：謝雪紅、林木順於 1925 年 10 月被推薦到莫斯科東方大學學習，而作者卻說他們在 1926～1927 年被推薦到蘇聯莫斯科「革命大學」學習。

三是有少數觀點存在問題。例如，作者認為，在臺共內部始終存在著親日共的謝雪紅派和親中共的翁澤生派的宗派主義鬥爭，然而，一手史料表明，臺共內部並無宗派主義鬥爭，只有對台灣革命形勢認識的分歧。

關於臺共研究重要的論著應屬俄羅斯的郭傑、白安娜撰寫的《台灣共產主義運動與共產國際（1924～1932）研究‧檔案》（中央研究院台灣史研究所 2010 年版）。該著對臺共成立、興衰成敗作了大量的描述，而作品欠缺問題意識，對史料未作深入的理解及運用，致使著作內容難讓讀者進行較為深刻的反思。該著除了在史料（即使用了俄羅斯的《台灣地區共產黨》檔案）上有所創新外，「史述」是該著對臺共黨史的基本認知，基本觀點沒有新的突破與創新。

### 2. 出版的著作

據筆者所見，至今尚無專門研究臺共的專著問世，有 2 部著作闢有部分章節對臺共予以介紹和論述。

【日】若林正丈：《台灣抗日運動史研究》（東京研文出版社 1983 年版）第 2 篇（中國革命與台灣知識分子）第 8 章（台灣革命與共產國際——圍繞台灣共產黨的結成與再組織），共約 2.2 萬字。作者用了大量的一手史料【《警察沿革志第二篇領臺以後的治安狀況（中卷）》、山邊健太郎：《現代史資料22：〈台灣〉（二）》】，對臺共的成立、共產國際對台灣革命的影響、臺共的

重新組織與新政治大綱的戰略作了較深入的研究，具有一定的學術價值。

【日】喜安幸夫：《日本統治台灣秘史》（武陵出版社 1983 年版）第 6 章（逐漸發展的文化、政治活動）第 6 節（台灣共產黨始末），約 4000 字。該節對臺共的成立、臺共的第一次被破壞、臺共在文化協會和農民組合中開展活動、臺共的失敗作了概略的描述。全文既無注釋又無參考文獻，也未說明撰寫的史料依據；另外文中還存在諸多史實錯誤。

### （四）現有研究的不足

通過學術史的回顧，我們可知，目前臺共研究主要有如下三點不足：

### 1. 就研究創新的源泉——材料而言，尚有許多未被開發利用

史料是創新的源泉，如欲深化臺共黨史的研究，挖掘利用新資料是必不可少的工作。只有在新資料基礎上，才可能有所創新或糾補前人研究成果的訛誤，還歷史本來的面目。現在的一個大問題是，就目前見到的研究成果資料引用上，筆者發現仍有大量的資料未被利用，如謝雪紅口述、楊克煌筆錄：《臺魂淚（一）：我的半生記》和楊克煌：《臺魂淚（二）：我的回憶》等當事人的回憶錄和日記基本沒有採用。當然，前述的未被時人利用的資料，後人利用的也不夠充分，如楊克煌：《台灣人民民族解放鬥爭小史》。

### 2. 存在一些史實上的錯誤

### 3. 研究的深度和廣度不夠

筆者遍覽關於這一領域的文章，總體感覺是似曾相識，許多文章研究視角、論點、論據多有雷同。有的文章停留在一般史實性的描述，缺乏深入、細緻的分析；有的文章由於受政治因素的影響，以主觀臆想來代替歷史客觀實際的研究；還有的文章不同程度上存在著偏重於對這專題的現象研究，有的僅僅是泛泛的談論這方面的問題，而對這種表象背後的本質與規律揭示還不夠深。總而言之，臺共研究仍是「一片剛剛開闢而有待於深耕擴墾的荒地」。因此筆者認為很有必要對這一問題進行專題研究。

任何學術研究都是建立在前人研究的基礎之上的，因此本書將充分借鑒已有的相關的學術成果及其研究方法，竭力避免重複前人的勞動，盡最大可能去發掘各種已刊和未刊的相關資料，修訂和補充前人研究的不足，力圖在資料發掘和方法創新上多做努力，嘗試對臺共進行比較深入的系統性研究。

## 三、研究資料、方法與思路

### （一）研究資料

　　翔實可靠的資料是歷史學的生命線，也是一篇史學著作得以圓滿撰寫的重要保證。本書所用資料，以「台灣總督府警務局」：《台灣社會運動史共產主義運動》和山邊健太郎：《現代史資料22〈台灣〉（二）》為主，兼採當事人的回憶錄和日記等一手史料。由於本研究採用資料龐雜，不可能一一加以介紹，今擬對其中主要部分加以說明。有關臺共的史料主要有四類：

　　第一類是有關臺共的專門檔案史料。「台灣總督府警務局」：《台灣社會運動史共產主義運動》（創造出版社1989年版），約30萬字。該書是日本警察根據臺共黨員的審訊口供，對臺共的成立、發展過程中的內部紛爭以及最後終告失敗的史實作了非常翔實的記錄，與此同時還收錄了臺共黨員的審訊口供和臺共綱領、各種秘密文件等。

　　第二類是綜合類史料。「台灣總督府警務局」：《台灣社會運動史——文化運動》（創造出版社1989年版）第1章（文化運動）第5節（台灣文化協會）第3款（在台灣共產黨黨團指導下的台灣文化協會）至第4款（作為台灣共產黨外圍團體的台灣文化協會），約3.5萬字。該部分對臺共的文化協會指導、黨團策動、文化協會的改組、文化協會的解散問題等作了詳細的敘述。

　　「台灣總督府警務局」：《台灣社會運動史——無政府主義運動・民族革命運動・農民運動》（創造出版社1989年版）第6章（農民運動）第3節（台灣農民組合），約8.5萬字。該節對農民組合的成立、在臺共影響下的農民組合所開展革命活動、農民組合的衰亡作了詳細的記述。

　　「台灣總督府警務局」：《台灣社會運動史——勞動運動・右翼運動》（創造出版社1989年版）第7章（勞動運動）第6節（台灣共產黨指導下的勞動運動），約3萬字。該節對臺共的勞動運動指導方針、紅色工會組織運動、臺共指導下的勞動爭議作了詳細的記述。

　　謝雪紅的愛人兼秘書，楊克煌：《台灣人民民族解放鬥爭小史》（湖北人民出版社1956年版）第6章（反對日本帝國主義奴役的民族解放鬥爭）第6節（台灣共產黨成立時客觀環境）至第12節（日本帝國主義破壞台灣共產黨組織的罪行），共約2.8萬字，這幾節對臺共成立的經過、臺共在島內所開展的革命活動、臺共對機會主義者的鬥爭以及臺共終告失敗的史實作了較為詳細記述。

山邊健太郎：《現代史資料 22〈台灣〉（二）》（東京：みすず書房 1971年版）第 6 章（共產主義運動），共 25 萬字。這章共由五節組成的，第一節是日本共產黨台灣民族支部東京特別支部員檢舉始末（第 83～235 頁），這部分史料是日本警視廳特別高等課內鮮高等繫於 1929 年 5 月作成；第二節是台灣共產黨檢舉的概要（第 236～273 頁），該節史料是日本內務省警保局保安課於 1928 年 9 月作成，在該節的附錄中收錄了 1929 年 4 月 27 日在日共領袖市川正一那裡發現的《台灣的黨組織方針及其組織狀態》；後面三節（台灣共產黨綱領、台灣共產黨再建運動、犧牲者救援運動）的史料（第 274～382 頁）是取自「台灣總督府警務局」：《台灣社會運動史共產主義運動》，為了避免重複，不再贅述。

臺共中央宣傳部長，蘇新：《憤怒的台灣》（時報文化出版企業有限公司1993 年版）第 7 章（日本侵略時代——自 1915 至 1931 年）第 4 節（台灣文化協會的分裂，台灣民眾黨、台灣自治聯盟、台灣共產黨的產生），該節對臺共的成立作了簡要的概述（800 字）。

第三類是當事人回憶錄性質的史料。謝雪紅口述、楊克煌筆錄：《臺魂淚（一）：我的半生記》（楊翠華發行出版 1997 年版），約 16 萬字。該書記錄的是謝雪紅由出生至 1929 年「二·一二事件」被捕之前的這段早年歲月。楊克煌：《臺魂淚（二）：我的回憶》（臺北：楊翠華發行出版 2005 年版），約 20 萬字。該書記錄了楊克煌從出身、農民組合、革命情緣、臺共時期、被捕、入獄、出獄、終戰、「二二八」革命這段歲月。蘇新：《未歸的臺共鬥魂：蘇新自傳與文集》（時報文化出版企業有限公司 1993 年版）約 20 萬字。該書收錄包括了蘇新的書信、回憶錄和晚年的文稿，對於日據時期的臺共活動有較詳細的介紹。謝雪紅：《謝雪紅自傳》，原件現存於臺盟中央資料室。王萬得：《王萬得回憶錄》，原件現存於臺盟中央資料室。簡吉：《簡吉獄中日記》（中央研究院台灣史研究所 2001 年版）。蕭友山（即蕭來福的化名）：《台灣解放運動的回顧》（三民書局 1946 年版）。

第四類是刊物、報紙上零星公佈的史料。張炎憲、高淑媛採訪，高淑媛記錄整理，《一位老臺共的心路歷程——莊春火訪問記錄》，《台灣史料研究》第 2 號，1993 年 8 月 20 日。此次訪談中，莊春火將他的家世、少年、思想轉變歷程及臺共發展過程作了較為詳細的敘述。（全文 15000 字）

### （二）研究方法

堅持以歷史文獻爲基礎的實證研究方法。本書特別注重資料的搜集和基本事實的研究，力求每個結論都有堅實的史料基礎。首先以查資料爲主，重點放在查文獻資料；其次分析整理資料，堅持實事求是的原則，具體問題具體分析，詳細佔有材料。決不斷章取義，抓住一點，不及其餘，而武斷下結論。對任何一個問題的研究，都認眞分析，力求揭示出其所處的時代背景，力求客觀、公正、不偏離事實，不受政治因素的影響。此外，本書還借鑒和利用民族學、政治學、國際共產主義運動學等交叉學科的前沿理論對本書所闡述的相關問題進行有效分析。

### （三）研究思路

以下採用社會科學研究上常用之六 W（或 5W1H）的概念（Who，When，Where，What，Why，How）來對拙作的論題的作一簡明扼要的說明：

Who：台灣共產黨

When：1928 年～1932 年（臺共從成立到失敗，約存在四年）

Where：台灣島，上海，東京

What：形成或失敗

How：如何形成或失敗

Why：爲何形成或失敗

## 四、研究目的、創新與不足

### （一）研究目的

筆者在前人已有的研究成果的基礎上，通過對新史料的分析研究，力爭達到以下三個方面的效果：第一，對新史料反映出的新問題，即以前鮮爲人知或知之甚少的問題，儘量搞清楚事情的來龍去脈，以塡補以前的研究空白；第二，對以前有爭議的問題，通過運用新史料，提出自己的見解；第三，對以前由於資料缺乏所造成的史實上的謬誤和錯誤的結論，根據新史料給予修正。

### （二）創新之處

本書的寫作力圖實現以下四個方面的創新：

第一，新史料。針對過去臺共研究史料來源過於單一（基本上是利用《警

察沿革志第二篇領臺以後的治安狀況（中卷）》），筆者打算大量使用近年來新發掘的史料（如謝雪紅口述、楊克煌筆錄：《我的半生記》、楊克煌：《我的回憶》、蘇新：《未歸的臺共鬥魂：蘇新自傳與文集》等），並結合原有檔案史料對臺共進行研究。

第二，新內容和新觀點。通過對臺共資料的爬梳，對已有成果的吸收，筆者自認在以下四個方面有所突破：1、釐清了臺共成立的來龍去脈。過去由於臺共史料缺乏的原因，人們對臺共成立的具體經過不甚清楚。有鑑於此，筆者根據近年來新發掘的史料（如謝雪紅口述、楊克煌筆錄：《我的半生記》等），在第二章中對臺共成立的來龍去脈作了非常翔實的論述，使人們對臺共的成立有了非常清楚的認識，填補了學術界這方面的空白。2、對臺共政治綱領中的「台灣獨立」的眞實內涵作出科學的詮釋。20世紀20年代末30年代初，臺共爲了反抗日本的殖民統治，曾經在臺共政治大綱中提出了「台灣獨立」、「建立台灣共和國」等鬥爭口號。然而，一些「臺獨」理論家卻往往無視臺共反日獨立運動認同中國的祖國觀念和目標取向，而將這一運動曲解爲「臺獨」的前期歷史，混淆視聽，欺騙民眾。爲了澄清事實，筆者秉承以史爲證的史學原則，對臺共政治綱領中的「台灣獨立」的眞實內涵作出了科學的詮釋。筆者認爲，由於當時祖國大陸處在反共的國民黨政府反動統治之下，所以臺共無法提出台灣回歸祖國的主張。臺共政治綱領中的「台灣獨立」的眞實內涵是指台灣擺脫日本帝國主義統治的「獨立」，並非要從祖國、從中華民族大家庭之中「獨立」出去，希望藉此先自我解放，然後，待中共在大陸的革命取得勝利後，再回歸祖國。3、對臺共失敗的主要原因作了合理的解釋。以前台灣學者普遍地將臺共失敗的主要原因歸結爲親日共的謝雪紅派與親中共的翁澤生派宗派主義的內鬥，這個解釋很難令人信服。爲了尋求合理和科學的解釋，筆者初步地將共產國際「第三時期」理論和臺共「左」傾錯誤結合起來分析，進而提出了「臺共失敗的主要原因是共產國際錯誤指揮所造成的」新觀點。4、利用近年來新發掘的史料（如謝雪紅口述、楊克煌筆錄：《我的半生記》等）對臺共與日共、中共、共產國際的關係作了開創性的研究。

第三，新視角。以往有關臺共的研究大多述多評少，視角單一，缺少理論性的分析手段。本書在進行研究過程中，由過去較單一的歷史研究，轉向綜合運用歷史學、民族學、科學社會主義與國際共產主義運動等學科理論，

運用微觀與宏觀相結合的方法，對日據時期臺共進行比較全面、深入的研究，並對臺共各種重大問題作出了科學的解釋。如，筆者在論證台灣民族論不能成立時，不僅運用民族學理論當中民族的定義，對台灣漢人是否形成了台灣民族進行了論述，而且還用列寧的民族殖民地問題理論對 1928 年臺共政治綱領中出現的「台灣民族論」的原因作了剖析，得出了「1928 年臺共政治綱領中的『台灣民族論』是日共照搬列寧的民族殖民地理論的產物」的結論。在分析臺共政治綱領中「台灣獨立」眞實內涵問題時，運用列寧的民族自決權理論對臺共政治綱領中爲什麼會出現「台灣獨立」的主張，作出了合理的解釋。此外，本書在對臺共失敗的原因進行研究時，運用了共產國際「第三時期」理論，對臺共的「左」傾錯誤進行了深入的分析，對臺共失敗的主要原因作出了科學的解釋。

第四，配備大量的臺共重要人物的圖片、臺共一大會議舊址、臺共活動的場所等圖片，生動地再現當時的歷史場景。

### （三）不足之處

本書儘管力圖創新，但受限於主客觀的條件，研究中仍存在不足。最主要的是研究資料的限制。筆者研究日據時期臺共的最大弱項是資料的缺乏，由於大量的資料存於台灣島內相關典藏單位，獲取不易，因此在研究工作中往往遭遇「難爲無米之炊」的窘境。由此而來，筆者對某些個別問題的深入研究極爲困難，例如臺共對文化協會的影響，臺共對農民運動的影響。

總之，本書研究雖有創新，但也有一些遺憾與不足，這些遺憾與不足只能留待將來去彌補。如果以後筆者有機會去台灣的話，便能搜集和掌握更多關於臺共的史料，並在有關理論水平有所提高的情況下，會竭力爭取進一步完善本書所研究的課題。

# 第一章 台灣共產黨誕生前的歷史背景

臺共的誕生與台灣的內部環境、外部環境都有著非常密切的關係。以內部環境來說，有日本殖民統治下的政治壓迫、經濟壟斷、社會控制與教育歧視，有日漸成長發展的民族運動；就外部環境來講，共產國際的東方戰略，日本、中國的共產主義運動相繼興起。

## 第一節　日本在台灣殘酷的殖民統治

1895 年 6 月 17 日，日本首任「台灣總督」樺山資紀在臺北主持始政儀式，它標誌著日本在臺殖民統治的正式開始，台灣從此淪爲日本的殖民地達半個世紀之久。隨著日本殖民統治的逐步確立，台灣走上了殖民地化的進程，社會政治、經濟結構、文化教育發生了巨大的變化，台灣人民也飽受著日本殖民者的奴役和欺凌。

### 一、殘暴苛酷的政治控制與壓迫

日本侵佔台灣後，除以武力繼續鎮壓各地風起雲湧的群眾反抗鬥爭外，即著手建立其殖民統治機構。日本在台灣實行總督制，日本殖民者通過一系列立法手段，賦予台灣總督專制獨裁的權力。1896 年 3 月 31 日，日本政府發佈《台灣總督府條例》，明確規定「台灣總督」的主要權限爲：（1）、統率駐臺陸海軍，掌管轄區內防備事宜；（2）、除擔任一切行政職務外，在必要時可任命民事長官，獨斷處置判任以下文官；（3）、可在職權或特別委任範圍內頒

發總督府令。〔註1〕隨後日本殖民者頒佈的「關於在台灣施行法令之法律」（簡稱六三法），更賦予「台灣總督」以律令制定權，其中第一條明確規定：「台灣總督得在其管轄區域內，發佈具有法律效力之命令。」〔註2〕這樣，「台灣總督」便集軍事、行政、司法、立法於一身，成為一個專制獨裁者。雖然「六三法」後來有幾次修訂，但在日本殖民統治時期，它對台灣人民實行專制獨裁統治的本質始終沒有改變。

日本殖民者為了鎮壓和防止台灣人民的反抗鬥爭，先後制定了《匪徒刑罰令》、《台灣刑事令》、《法院條例改正令》、《保甲條例》、《治安警察法》等一系列律令。其中《匪徒刑罰令》第一條規定：「凡以暴行或脅迫以達其目的而聚眾」的人都以「匪徒論罪」，「首謀及教唆者處死刑；參與謀議或指揮者處死刑；附和隨從或服雜役者處有期徒刑或重懲役」。〔註3〕《法院條例改正令》規定，所有因「反抗施政，實行暴動」及觸犯《匪徒刑罰令》而被判有罪的案件，都「以一審為終審，立即就地執行，不准上訴」。〔註4〕根據這些血腥法令而慘遭屠戮的台灣同胞，僅從1898年至1902年短短四年間，便達1.19萬人。

日本殖民者為了維護其在台灣的殖民統治，還在台灣建立了一套兇狠殘暴的警察制度，遍佈台灣島各角落的警察網成為總督專制統治的有力支柱。1895年，日本開始在台灣全島佈設警察網。1898年，兒玉源太郎任「台灣總督」後，便強化警察統治，加強警察職能，擴充警察機構，各地方廳政務均由警察協助處理。〔註5〕台灣的警察，始終以日本人為主體，雖自1901年起錄用台灣人為警察，但人數較少，並且多為巡查補等低級職員。警察除執行一般警務外，還擔負保甲、鴉片、行政、戶口、刑決、收容、取締、衛生、稅捐、征役及外事以及外事等種類繁多的特別事務。在社會生活中，日本警

〔註1〕〔日〕向山寬夫：《日本統治下台灣民族運動史》，東京：中央經濟研究所1987年版，第126～127頁。

〔註2〕〔日〕井出季和太著、郭輝譯：《日據下之臺政》第一冊，臺北：海峽學術出版社2003年版，第224頁。

〔註3〕黃靜嘉：《春帆樓下晚濤急：日本對台灣的殖民統治及其影響》，北京：商務印書館2003年版，第179頁。

〔註4〕「台灣省文獻委員會」：《台灣省通志稿》第十一冊，臺北：捷幼出版社1999年版，第307頁。

〔註5〕陳小沖：《日本殖民統治五十年史》，北京：社會科學文獻出版社2005年版，第8頁。

察權重地方，無所不管，台灣人民稍有不滿的表示，動輒加以「行爲可疑」、「違反政令」等罪名，任意拘捕監禁，輕者判處罰金，重者施以灌水、灌煤油、灌臭藥水、弔打、剝指甲、刺乳頭等種種毒刑。這些警察以統治者自居，橫暴貪婪，無惡不作，被稱爲「草地皇帝」。廣大臺胞備受欺侮凌辱，恨之骨髓，無不欲食其肉而寢其皮。

　　日本殖民者爲進一步維護和鞏固殖民統治，還在台灣復活並強化了傳統的保甲制度，與警察制度相配合，以更有效地控制和奴役台灣人民。1898 年 8 月，「台灣總督府」頒佈《保甲條例》，規定保甲爲警察下級行政的輔助機關，保甲內的居民負有連坐的責任。1903 年 5 月，又發佈《保甲條例實施細則》，規定全島居民以十戶爲一甲、十甲爲一保，保甲須成立壯丁團，負責防範「匪徒」及各種災害，接受警察官的指揮。這個條例成爲日本殖民者控制台灣人民的基本條規。〔註 6〕顯然，日本殖民者恢復保甲制度的目的，就是讓台灣人民自出經費，自相監視告密，以實現其「以臺制臺」的惡毒目的。在初期抗日武裝鬥爭被基本鎮壓之後，保甲制度發生了一些新變化，保甲組織從警察輔助機關轉爲一般行政輔助機關，舉凡保甲內「不良分子」的教化、流浪者就業輔導、購買公債、勸導儲蓄、督促納稅、修建道路、戶口調查、傳染病預防等等，均由保甲執行。它已成爲「台灣總督府」殖民統治的重要工具，日本殖民統治通過保甲組織而深入到台灣社會的各個角落。

　　總督獨裁制度、特殊警察制度和保甲制度，三位一體，構成日本殖民者統治台灣的三大支柱。「台灣總督」一方面通過警察、保甲控制社會秩序，另一方面通過行政命令掌握各級官吏，構成了層層的金字塔式權力結構，高高在上，發號施令，而壓在最底層的則是廣大的台灣人民。

## 二、敲骨吸髓的經濟掠奪

　　日本殖民者統治台灣期間，在實施殘暴的政治統治的同時，還對台灣進行了瘋狂的經濟掠奪，台灣經濟的發展完全喪失了自主性，淪爲附庸，成爲服務於日本的殖民地經濟。

　　清查土地林野、強佔耕地森林，這是日本殖民者對台灣進行經濟掠奪的第一步。清代台灣土地管理權限較爲混亂，存在著大量隱田或土地種目狀況

---

〔註 6〕〔日〕向山寬夫：《日本統治下台灣民族運動史》，東京：中央經濟研究所 1987 年版，第 234 頁。

不明、地籍不清等問題。日本殖民者便利用這種情況，於 1898 年頒佈了《台灣地籍令》和《土地調查規劃》，動用大批警察強迫台灣農民「配合」臨時土地調查局進行土地資源和土地所有權的普查。1905 年，日本殖民者又頒佈了《土地登記規則》，實行所謂「土地所有權申報」，規定「沒有地券或其他確證可以證明所有權的土地，概為官有」。這樣，大批台灣農民辛勤開墾而所有權證明不完備的耕地，被日本殖民者強行沒收為「官有土地」。1910 年，當局又頒佈《官有林野取締規則》，規定「凡無地契及其他可資證明其所有權的山林原野，悉為官有」。據此，台灣殖民當局強行沒收為官有的原野森林地達 916775 甲，並以此作為獎勵日本移民、日本企業來臺辦廠的撥地之用，而民有的僅為 56961 甲。〔註7〕1911 年，又頒佈了《土地收買規則》，用極低廉的價格強買當地人民的土地。在日本殖民者的強取豪奪下，全臺 370.7 萬甲土地中，被日本殖民政府和日本財閥強佔達 264.3 萬甲，占 68.5%；在耕地面積 88.6 萬甲中，被日本財閥及私人佔有 18.1 萬甲，占 20.4%；在森林面積 265 萬甲中，97%以上被日本殖民政府佔有。〔註8〕1914~1925 年，當局整頓官有林野地，出賣其中的 204912 甲，獲得 5459863 元的巨額收入。〔註9〕日本殖民統治當局對土地林野的調查及強佔，不僅為日本殖民政府的財政提供了重要財源，同時也為日本在台灣進行農產品和原材料的輸出及大規模的經濟掠奪提供了重要條件。

　　日本殖民者強佔了台灣人民的土地林野後，便開始大肆地掠奪台灣的農產品和工業原料。日據時期台灣對於日本的作用，最重要的是為日本提供稻米和粗糖。日本殖民當局通過推廣農業技術、發展水利灌溉等措施，提高了甘蔗、稻米的產量，並進而促進了農業生產的增長。在工業方面，獎勵、扶持日資發展新式製糖廠，以製糖業為中心，發展了一定規模的現代製造業。當然，這完全是為了適應日本本土的需要，產品主要運往日本。以米糖為主的農業經濟是當時台灣的經濟主體，台灣成為日本資本的重要輸出地，也是日本的重要原料產地。據統計，從 1900 年到 1928 年的 29 年間，由台灣輸往日本的稻米總量高達 412.04 萬噸，平均每年 14.21 萬噸，占生產量的

---

〔註7〕 〔日〕矢内原忠雄著、周憲文譯：《日本帝國主義下之台灣》，臺北：海峽學術出版社 2003 年版，第 18 頁。
〔註8〕 陳碧笙：《台灣地方史》，北京：中國社會科學出版社 1982 年版，第 202～203 頁。
〔註9〕 陳孔立：《台灣歷史綱要》，北京：九洲圖書出版社 1997 年版，第 345 頁。

21.60%。〔註10〕臺糖也源源不斷地運往日本，從 1900 年至 1928 年，臺糖對日本的輸出量平均每年達 89%，最高年份達 100%。〔註11〕此外，台灣的甘薯、茶葉、樟腦等農產品也被大量地運往日本，如 1901 年至 1928 年，日本從台灣輸入的粗製茶葉平均每年價值爲 20 萬元左右，而他們轉口南洋和歐美的茶價卻高達 850 萬左右。〔註12〕台灣的農產品不僅爲日本提供了糧食和重要而廉價的工業原料，同時爲日本轉口國外賺取了大筆外匯。

　　實行商品專賣，壟斷對外貿易是日本對台灣經濟掠奪的又一卑鄙手段。日本殖民當局把人民生活最基本的必需品食鹽、煙酒、煤油、度量衡等全部劃歸政府專賣。在專賣的名義下，他們任意控制產量，提高售價，牟取暴利。因此，專賣的收入一直佔據「台灣總督」財政歲入的首位，而且逐年遞增，從 1897 年的 30%上升到 1904 年的 46%，最高時達 64%，年均 500 萬元。1897～1904 年合計爲 40309207 元，〔註13〕僅此一項，即可抵消日本國庫補助金而有餘，專賣收入在台灣財政中的地位於此可見一斑。由此可知，日本殖民者通過商品專賣制度從台灣人民身上榨取了數量驚人的巨額財富。

　　日本殖民者還通過種種惡劣手段壟斷台灣的對外貿易。長期以來，台灣地區與祖國大陸的貿易關係一直占最重要的位置。日本佔據台灣後，由於殖民政府逐漸取消了台灣與日本的貿易關稅，相反大幅度地提高台灣與大陸之間的貿易關稅，台灣與大陸的傳統貿易關係受到很大的破壞，台灣的主要貿易對象不得不由大陸轉向日本。

## 表：台灣對外貿易結構表〔註14〕

| 年份 | 出口額 | 進口額 | 出超額 | 進出口額合計 | 對日進出口額 | 對日貿易在貿易總額中所佔的比重（％） |
|---|---|---|---|---|---|---|
| 1897 | 14857 | 16383 | -1526 | 31240 | 5828 | 18.7 |
| 1907 | 27376 | 30971 | -3595 | 58347 | 37385 | 64.1 |
| 1917 | 145804 | 88887 | 56916 | 234691 | 173376 | 73.9 |

〔註10〕周憲文：《台灣經濟史》，臺北：台灣開明書店 1980 年版，第 487～488 頁。
〔註11〕涂照彥：《日本帝國主義下的台灣》，臺北：人間出版社 1993 年版，第 64 頁。
〔註12〕周憲文：《台灣經濟史》，臺北：台灣開明書店 1980 年版，第 648 頁。
〔註13〕「台灣省行政長官公署統計室」：《台灣省五十一年來統計提要》，臺北：進學書局 1946 年版，第 1002～1003 頁。
〔註14〕「台灣省行政長官公署統計室」：《台灣省五十一年來統計提要》，臺北：進學書局 1946 年版，第 918～919 頁。

| 1922 | 157865 | 119095 | 38769 | 276960 | 209474 | 75.6 |
| 1927 | 246676 | 186948 | 59727 | 433624 | 323187 | 74.5 |

單位：千元（臺幣）

　　由上表可知，台灣對日本的貿易額達到驚人數字，出超幅度極大，這充分說明，「台灣巨額經濟剩餘轉移到日本去了」。更爲惡劣的是，巨額的「出超」收入，竟然全部被日本政府截留在國內，成爲台灣人民對日本殖民者的無償貢賦。此外，台灣與日本的貿易完全按日本國內經濟發展的需求來決定，台灣運往日本的物品均爲日本國內奇缺的必需品，如稻米、蔗糖、樟腦、食鹽、茶葉、酒精等，而日本輸入台灣的物品卻多是台灣自己可以生產的、日本國內積壓的產品，如肥料、醬油、火柴和少量紡織品等。可見，台灣與日本的貿易，完全是殖民國家對殖民地國家的不平等的、掠奪性的貿易，台灣經濟完全淪爲附庸、服務於日本的殖民地經濟。

　　日本殖民者還充分利用政治力量，極力扶持擴充日本壟斷資本，抑制台灣本土企業資本。日本殖民者統治台灣時期，「台灣總督」首先通過設立銀行、控制金融等手段，大力扶持日本壟斷資本的發展。1899 年，設立台灣銀行，憑藉其發行紙幣的特權和代理「國庫」的地位，操縱全島金融，吸取大量遊資存款，再以極低的利息貸給日本財閥。「台灣總督府」又通過其控制的鐵路、礦山、港口、電力、水利、郵電等企業，儘量給日本壟斷資本以方便，對台灣民族資本卻極力限制、排擠。在「台灣總督府」的扶持下，日本殖民壟斷資本很快就佔據了台灣經濟的主導地位。

　　製糖業是日本殖民壟斷資本最早、最典型的在台灣實行壟斷經營的行業。1906 年，明治製糖株式會社在台灣成立，日本國內資本開始大規模投資台灣甘蔗業，短短 20 多年，日本壟斷資本就在台灣投資建立了許多龐大的製糖廠。當日本資本湧向台灣製糖業時，爲避免本地糖廠與日本糖廠的競爭，殖民當局強制實行「製糖能力限制政策」，大力扶持日資大糖廠，限制、取締本地小型糖廠和改良糖廍。爲確保日本製糖企業的原料供應，總督府又頒佈了「製糖原料採購區域制度」，規定「未經政府許可，不得在其區域內設立過去的糖廍或其他新式製糖廠」，「甘蔗栽培者必須出賣其甘蔗給指定的製糖廠」。〔註15〕在殖民當局和日資糖廠的兩面夾擊下，本地人開辦的改良糖廍迅

─────────────────

〔註15〕〔日〕矢內原忠雄著、周憲文譯：《日本帝國主義下之台灣》，臺北：海峽學術出版社 2003 年版，第 247 頁。

速沒落，本地資本受到排擠，日本人的新式糖廠迅速發展，台灣製糖業成為日本資本的一統天下。日本殖民資本壟斷台灣製糖業的結果，不僅使他們獲得了巨額的壟斷利潤，又殘酷地摧毀、吞併了大批的台灣民族資本經營的工業企業和家庭手工工場。

## 三、赤裸裸的民族差別教育

為了維護日本人在台灣的殖民統治，日本殖民者大搞民族歧視，嚴格實行不平等的差別教育和奴化教育，這種差別教育和奴化教育貫穿於初等、中等、師範和高等教育的各個階段。

在初等教育中，初等學校分為小學校、公學校和「番童」教育所三種：小學校專收日本兒童，師資力量最強，教育投資最大；公學校專收台灣兒童，其師資力量和設備條件都很差；「番童」教育所專收原住民兒童，由警察擔任教學，根本談不上什麼設備。1920 年，「台灣總督府」的教育支出，小學校每個學生平均為 67 元，公學校只有 36 元。1921 年，小學校的教員每人平均 1099 元，公學校的教員只有 604 元。1922 年，小學校的一個教員的學生平均數為 30 人，公學校為 40 人；小學校合格教員的比例為 70.9%，而公學校為 42.5%。1926 年，在臺日本學齡兒童的就學率高達 98.2%，而台灣兒童就學率卻只有 28.4%。〔註 16〕《台灣公學校規則》規定，公學校的宗旨，是使台灣兒童精通日語，並培養作為一個日本人所應有的性格，「設公學校的目的，乃為普及國語（日語）」。所以，所有初等學校的教學全部使用日語，禁讀漢文，並通過修身、歷史、讀書等日式教育課程對台灣學生灌輸日本國體觀念，培養對天皇的效忠，對帝國的順從。

1922 年，《新台灣教育令》頒佈，初等教育實施日臺學生共學制，但實際上也只有少數台灣兒童進入小學校學習，日籍兒童就讀公學校的更是極少數。如 1926 年，210,727 名臺籍兒童中僅有 1,136 名就讀小學校，占總數的 0.54%，而 24,833 名的日籍兒童中，卻只有 12 人就讀公學校。〔註 17〕初等教育的民族差別，使台灣學生在起步階段就已經落後於在臺日人，成為日後在中等教育、高等教育乃至職業等方面處於弱勢的根本原因。

〔註 16〕「台灣省行政長官公署統計室」：《台灣省五十一年來統計提要》，臺北：進學書局 1946 年版，第 1241～1242 頁。

〔註 17〕〔日〕矢內原忠雄著、周憲文譯：《日本帝國主義下之台灣》，臺北：海峽學術出版社 2003 年版，第 179 頁。

中等教育最初是爲在臺日人升學需求而開設的。最早在 1907 年成立的、程度較高的臺北中學和臺南中學都是專收日本學生，不收臺生。爲此，台灣士紳呼籲給予臺人更多的教育權利，並醞釀在臺中自行設立中學。「台灣總督府」出於統治安定及方便控制等考慮，接手辦理，由臺人出資設立臺中中學，收臺人子弟入學。學校採用日式管理，目的在「使學生獲得作爲日本國民所必需的知識」。〔註 18〕在教學內容上，側重於台灣地方的需要，安排許多實用性科目。「台灣總督府」根本不鼓勵本地學生升學，而是力圖將他們引導到服務於社會的方向，以滿足殖民地對中低級人力資源的需求。

中等教育的民族差別也很明顯，臺籍學生無論是就學人數還是升學錄取率，都遠遠落後於日籍學生。根據 1922 年的統計，在就學人數方面，中等學校學生中，日籍學生有 1,451 人，臺籍學生有 569 人；在新生錄取率方面，日籍學生占 61.9%，而臺生僅爲 18.7%。〔註 19〕「台灣人的初等教育極其不備，而且中等學校入學試驗程度又以小學校爲標準，故公學兒童當然不能與小學兒童競爭。」〔註 20〕在日本殖民者的刻意設計下，台灣人要獲取更高知識的願望如此難以達成，無怪乎山川均會說：「就多數的台灣人說，中學校的門戶，事實上是封鎖住。」〔註 21〕

師範教育早期附屬於國語學校中，稱國語學校師範部，其中又分甲乙二科，甲科收日本學生，乙科收台灣學生。1899 年獨立的師範學校方建立，辦學宗旨是培養一代尊崇日本皇室，富於日本精神的教師。換句話說，日本殖民者試圖首先將爲人師表的師範學生訓練成日本帝國的忠實臣民，然後通過他們去影響和訓導下一代台灣兒童，以達到同化的目的。隨著共學制實施後，在修業年限、課程編制等方面，日臺學生的差別逐漸取消。但是，小學師範部與公學師範部的區別依然維持著，日本人可以進入公學師範部，台灣人則不能進入小學師範部，即日本人畢業後有權教育台灣人，而台灣人畢業後沒資格當日本人的導師。它顯示，日本人作爲統治民族的優越性是不容挑戰的。日據時期台灣師範教育，只限於爲初等教育培養師資，中等以上學校師資均

〔註 18〕「台灣教育委員會」編：《台灣教育沿革志》，臺北：小家本店印刷廠 1939 年版，第 745 頁。

〔註 19〕「台灣省行政長官公署統計室」：《台灣省五十一年來統計提要》，臺北：進學書局 1946 年版，第 1222 頁。

〔註 20〕《台灣人中等教育的危機》，《台灣新民報》昭和 6 年 4 月 18 日。

〔註 21〕王曉波：《台灣的殖民地傷痕》，臺北：帕米爾書店 1985 年版，第 77 頁。

來自日本國內或是日本國內大學畢業的台灣人方可擔任。

在高等教育上，日本學生佔了絕對優勢。日本人內心深處，並不希望台灣人接受高等教育，因爲從荷蘭、印度的例子中已經反映出被統治者知識水平和思想覺悟提高後所帶來的政治風險，所以日本殖民當局更是絞盡腦汁、千方百計剝奪台灣人接受高等教育的機會，甚至限制臺籍學生占高等學校錄取名額，規定報考高等學校的台灣學生之錄取名額，「不超過全部錄取名額的五分之一」。〔註22〕爲了招收更多的日本學生，殖民當局乾脆把大學的招生考試設在日本國內，其結果自然使日本學生充斥台灣的高等學校，而台灣學生卻被拒之門外，被迫遠赴日本或中國大陸求學。台灣高等教育的畸形構成，以下僅舉數例：1928 年，臺北經濟專門學校有日生 338 人，臺生 70 人；臺中農林學校日生 94 人，臺生 5 人；臺北帝國大學日生 49 人，臺生 6 人；1937年，臺南工業專門學校日生 178 人，臺生 29 人；臺北經濟專門學校日生 229人，臺生 23 人；臺北帝國大學日生 128 人，臺生 59 人；1941 年，臺中農林專門學校甚至出現日生 160 人，而臺生僅 1 人的情形。〔註23〕《台灣民報》就此尖銳抨擊道：「將台灣人所負擔的租稅，建設維持學校，然而受教育的恩惠的學生，不但是以收容在臺的日本學生爲主，甚至每年由日本內地大批移入學生。如此使台灣人負擔經費，而教育由內地移入的學生，此豈非明瞭的教育的榨取。」〔註24〕

由上可見，日本殖民者在台灣實行的是極端不平等的、歧視性的差別教育和強迫同化政策。日本人在入學的機會、師資的構成、受教育的程度等方面占絕對優勢，台灣人處處受歧視、受限制。殖民者辦學的宗旨、教學的內容、課程的設置等充分說明，其辦學的根本目的，不是爲了提高台灣人的整體文化素質，而是爲培養可供其利用的特定的人力資源。在初等教育方面，他們要普及的是以日語和日本文化爲主要內容的同化教育。在中高等教育中，爲防範由於接受教育而促使台灣人覺醒，造成殖民者統治上的困擾，殖民者又處處限制台灣人，這正如「台灣總督」兒玉源太郎所言：「教育不可一日忽視，然而徒爲灌注文明，養成偏向主張權利、義務之風，將使新附之

〔註22〕 黃得時：《從臺北帝國大學設立到國立台灣大學現況》，《台灣文獻》第 26 卷第 4 期和第 27 卷第 1 期合訂本，第 236 頁。
〔註23〕 「台灣省行政長官公署統計室」：《台灣省五十一年來統計提要》，臺北：進學書局 1946 年版，第 1214～1218 頁。
〔註24〕 《打破榨取的教育政策》，《台灣民報》昭和 2 年 9 月 25 日。

民，陷於不測之弊害。」﹝註25﹞尤其須要指出的是，日本殖民者的一個最重
要的目的，是要切斷台灣人民與祖國大陸的聯繫，「欲以教育的力量同化台
灣人及先住民」，﹝註26﹞使台灣同胞從思想文化、意識形態等方面對日本天
皇效忠，對帝國順從，強化日本大和精神，宣揚日本的思想文化意識，使臺
民增強日本觀念，擁護日本人的統治。「台灣總督」民政長官內田嘉吉即明
言：教育是「爲了使台灣人成爲日本的善良臣民，即同化爲目的」。﹝註27﹞
東鄉實也說：「大體上，即以將作爲中華民族的台灣人同化於日本爲其根本
方針。」﹝註28﹞

　　總之，日據時期日本在台灣實行了一整套殖民統治制度，其殘暴和苛酷
程度爲世界殖民史所罕見。日本人在政治、經濟、教育及社會生活各個方面
都享有特權，而台灣人則是被統治、被奴役者，政治上沒有發言權，經濟上
受盡剝削，社會生活上受盡歧視，完全淪爲當時台灣社會的「劣等公民」。日
本殖民者在方方面面壓制台灣人，台灣人與日本人之間的矛盾，成爲整個台
灣社會的主要矛盾，並日益尖銳。台灣民族運動就是在這一主要矛盾的基礎
上發生、發展起來。

## 第二節　台灣民族運動的興起與分化

　　在日本殖民統治期間，台灣人民備受日本殖民者的壓迫剝削和欺侮凌
辱；然而，台灣人民並沒有沉默，他們不畏強暴，開展了不屈不撓的鬥爭。

### 一、武裝抗日的失敗及教訓

　　就在「台灣總督」樺山資紀宣佈平定台灣不久，1895 年 11 月，台灣東
北部由林李成、林大北領導的起義，擂響了武裝反抗日本殖民統治的戰鼓。
許紹文、陳秋菊、胡阿錦、簡大獅等各路義軍，群起響應。起義軍迅速攻佔
瑞芳，並一度圍攻臺北。日本殖民者驚慌失措，急忙調集大兵進行圍剿。一

---

﹝註25﹞　〔日〕宿利重一：《兒玉源太郎》，東京：國際日本協會昭和 18 年，第 335 頁。
﹝註26﹞　〔日〕矢內原忠雄著、周憲文譯：《日本帝國主義下之台灣》，臺北：海峽學
　　　　　術出版社 2003 年版，第 179 頁。
﹝註27﹞　〔日〕《帝國議會貴族院委員會速記錄》（明治篇 26），第 27 回議會，明治 44，
　　　　　東京大學出版會，昭和 62，第 127 頁。
﹝註28﹞　〔日〕東鄉實、伊藤四郎：《台灣殖民發達史》，臺北：晃文館 1916 年版，第
　　　　　416 頁。

波未平，一波再起。以柯鐵爲首的中南部人民抗日鬥爭又迅猛掀起，義軍利用深山密林作掩護，開展游擊戰，不斷襲擊日軍駐屯所；林少貓、陳發等部與之相配合，演出了一幕轟轟烈烈的抗日運動。日軍在付出重大傷亡的代價後，採取鎮壓與欺騙相結合的手段，分化瓦解起義軍，並進行誘捕和暗殺。林少貓、簡大獅先後被害，柯鐵病死山中。但是，日本殖民者的屠刀嚇不倒英勇的台灣人民，他們前仆後繼，戰鬥不息。1907 年 11 月，蔡清琳領導的北埔起義；1912 年 3 月劉乾領導的林圯埔起義；1913 年 12 月羅福星領導的苗栗起義；1915 年 5 月余清芳領導的噍吧哖起義，先後奮起。這些起義雖然最後都失敗了，但無不給予日本殖民者以沉重的打擊。

　　噍吧哖事件之後，台灣先進分子從早期武裝鬥爭失敗的血的教訓中進行反思：在敵我力量對比懸殊的情況下，依靠死拼的武裝鬥爭是無法取得勝利的，於是他們又開始尋找台灣人民解放之路。〔註 29〕。1907 年，台灣民族運動領導人林獻堂專程拜訪流亡日本的著名改良主義者梁啓超，向他傾述日本殖民統治下台灣人民的悲慘命運，「我們處於異族統治下，政治受差別，經濟受榨取，法律又不平等，最可痛者，無過於愚民教育」〔註 30〕。緊接著，他向梁啓超請教改變台灣人民痛苦境況的方法。梁啓超回答：「三十年內，中國絕無能力可以救援你們，最好效愛爾蘭人之抗英。在初期，愛爾蘭人如暴動，小則以警察，大則以軍隊，終被壓殺無一幸免，後乃變計，勾結英朝野，漸得放鬆壓力，繼而獲得參政權，也就得與英人分庭抗禮了。乃舉例說：英國漫畫家繪兩位愛爾蘭人，以一條繩索各執一端，將英國首相絞殺，這意味著愛爾蘭人議員在英國會議席雖不多，但處在兩大黨之間，舉足輕重，勢固得以左右英內閣之命運，你們何不傚之？」〔註 31〕梁啓超告誡他們切勿輕舉妄動，避免無謂地犧牲。林獻堂聽了梁啓超的建議後，深受影響，他自稱：「眞是妙不可言，自是銘心印腦」。〔註 32〕1913 年，林獻堂得力助手甘得中在東京留學時，因仰慕革命黨人戴季陶的大名，在日本友人板垣伯爵的介紹下與他會面，並向他痛陳臺人處境的慘狀，「不知如何而可」？戴

〔註 29〕張深切：《張深切全集》卷 4，臺北：文經出版社 1998 年版，第 85 頁。

〔註 30〕蔡培火、林柏壽等著：《台灣民族運動史》，臺北：自立晚報業書編輯委員會 1971 年版，第 4 頁。

〔註 31〕蔡培火、林柏壽等著：《台灣民族運動史》，臺北：自立晚報業書編輯委員會 1971 年版，第 4 頁。

〔註 32〕蔡培火、林柏壽等著：《台灣民族運動史》，臺北：自立晚報業書編輯委員會 1971 年版，第 4 頁。

季陶告訴他：「祖國現在因爲袁世凱行將竊國，帝制自爲，爲致力討袁，無暇他顧，滅袁以後，仍須一番整頓，所以在十年以內無法幫助臺人。而且日本乃未經過民權思想洗禮的國家，視革命運動如洪水猛獸，絕無同情。君等和革命黨人往來，一定會受壓迫，未見其利，先受其害。爲君等打算，可先覓門徑，和日本中央權要結識，獲得日本朝野的同情，借其力量牽制台灣總督府的施政，以期緩和他們壓力，或者可以減少台灣同胞的痛苦。」甘得中感慨道：「戴先生對台灣的見解，不期竟與任公暗合，可以說是英雄所見略同。而兩位先覺，對後輩指導的親切和籌謀的周密，眞有披肝瀝膽之慨。」〔註33〕林獻堂非常贊同他們的建議，「所以他後來從事民族運動，才會採取溫和的路線。一則是他自己的性格使然，二則過去慘痛的歷史和日本的政治力量使他不能不提高警覺。」〔註34〕此後，林獻堂便遵循非暴力、合法抗爭的道路，開始了其走上層路線、謀求自上而下迫使日本殖民者改善台灣人民政治待遇的鬥爭活動。

## 二、台灣民族運動的興起

　　第一次世界大戰前後，世界政治格局和思想潮流發生了深刻的變化：民族自決原則廣泛傳播，各國民族運動此起彼伏，愛爾蘭獨立運動、祖國大陸的辛亥革命和五四運動、朝鮮獨立起義、俄國十月革命以及日本國內民主運動的興起，無不給予島內外台灣知識分子以極大的刺激。在世界潮流的影響下，台灣民族資產階級和知識分子，開始發動並領導了反抗日本殖民統治的民族運動。

　　台灣民族運動的開端，源自 1914 年 12 月成立的台灣同化會。台灣同化會由林獻堂和日本自由民權運動領袖阪垣退助共同創立，林獻堂等台灣人的目標是：「所謂同化，其實不與之同化，乃掩飾之名詞也，其目的是希望日本政府對臺人鬆弛壓力，能放寬束縛，俾臺人得減輕痛苦而已」。〔註35〕阪垣退助等日人的目的則在「（使台灣人民）悅服於王化，終歸於渾然一體，成爲忠

〔註33〕 蔡培火、林柏壽等著：《台灣民族運動史》，臺北：自立晚報業書編輯委員會 1971 年版，第 4 頁。

〔註34〕 蔡培火、林柏壽等著：《台灣民族運動史》，臺北：自立晚報業書編輯委員會 1971 年版，第 5 頁。

〔註35〕 劉明朝：《追思林獻堂先生之一生》，林獻堂先生紀念集編委會：《林獻堂先生紀念集：年譜‧追思錄》，臺北：海峽學術出版社 2005 年版，第 95 頁。

良（日本）國民」。〔註36〕二者可謂同床異夢。但是就是這樣一個所謂的以「同化」為名的團體，卻觸犯了「台灣總督府」的權威和在臺日本人既得利益集團的利益，他們說：「已入會或擬欲入會的大多數人（台灣人），都說加入同化會便可立獲參政權，或說可被任用為高級官員，或說可和內地人結婚，或稱可自由改廢制度，從而可獲得各種營利事業的經營權等等。宛如把同化會視為擴張權利的機關。」〔註37〕顯然，日本人意識到台灣人參加同化會乃是借同化之名，行改善台灣人政治經濟地位之實，這種與虎謀皮的做法當然是日本殖民者所不能容忍的，很快同化會就遭到了當局的取締，1915年1月23日「台灣總督府」以同化會幹部涉嫌欺詐為由下令解散。

　　台灣同化會的失敗，使得台灣士紳和知識分子認識到，「台灣總督府」的專制統治和日本人對台灣社會政治經濟資源的壟斷是台灣人民受壓迫的癥結所在，「台灣總督」專制統治的法律依據是所謂的「六三法」，日本人作為統治民族在殖民統治機器的支持下有權決定一切，而台灣人則沒有發言權。因此，1919~1920年，彭華英、林呈祿、蔡培火等在東京先後成立了啓發會、應聲會和新民會等組織，林獻堂等台灣士紳也參與其中。他們抨擊日本殖民暴政，要求撤廢「萬惡之源」的六三法。1920年底，六三法撤廢活動進一步發展成為台灣議會請願活動。1921年2月，林獻堂發起、組織了台灣議會設置請願運動，前往東京向日本政府提出「設置台灣議會，將台灣總督府的立法權交還給台灣人民」、「使台灣的人民能夠與日本本國的人民享受平等的待遇」等請求。〔註38〕他們要求日本統治者確認台灣地位的特殊性，承認台灣人的參政權，以特別代議機關台灣議會實施特別立法。不過，台灣地方議會只是日本帝國議會的補充，議會設置運動只是要求在殖民體制內尋求參政權。儘管如此，它畢竟敢於在日本殖民統治下，以公開的方式發起以台灣人為主體的、針對「台灣總督府」專制統治的鬥爭，其目標固然只是要求有限的地方自治，但它能在一定程度上減輕人民的痛苦，因而得到台灣人民的支持，赴東京請願者返臺時，獲得「凱旋將軍」式的熱烈歡迎。

〔註36〕「台灣總督府警務局」：《台灣社會運動史——文化運動》，《同化會的成立及其幹部》，臺北：創造出版社1989年版，第8頁。

〔註37〕「台灣總督府警務局」：《台灣社會運動史——文化運動》，《在臺內地人有志者的反對》，臺北：創造出版社1989年版，第14頁。

〔註38〕楊肇嘉：《楊肇嘉回憶錄》，臺北：三民書局股份有限公司2007年第四版，第210頁。

　　然而，日本殖民者認為「台灣人民要求設置『議會』的請願運動，就是大漢民族的民族運動，也就是反抗日本帝國主義的反動分子。」〔註39〕因此，日本在臺的殖民當局已秘密地對請願運動制定對策，凡參加這一運動的人，「不論其為當時的公教人員或事業機關團體中的工作人員，多被迫去職，甚或雖無關係而平素言論有同情的表現者，亦被迫去職。其享有特別權利的，如『阿片』、食鹽、煙草、酒等的公賣品的販賣者，也都被剝奪了權利。另外是對該一運動的講演會、及支持該運動的文化協會的集會講演，均加以阻擾，演講者偶有涉及諷刺，即被臨監的警察勒令中止，甚至有被扣押者。」〔註40〕1923 年 12 月，「台灣總督府」竟然以違反《治安警察法》為名，以「為維持安寧秩序之必要」為由，將「台灣議會期成同盟會」強行解散，並逮捕了蔡培火、蔣渭水等 49 人，製造了轟動一時的「治警事件」。〔註41〕與此同時，為了抵消台灣議會設置請願活動的影響，日本殖民者還於 1921 年擴充「台灣總督府」評議會，表面上給台灣人以參政權，但評議員多是日本官員和資本家，只有幾個是投靠日本的台灣人。實際上，評議會只是一個諮詢機構，只是台灣人參政的「花瓶」而已。在日本政府及「台灣總督府」的刻意壓制下，台灣議會設置請願活動前後進行 15 次，都在日本議會以「審議未了」、「不採納」的情況下而宣告失敗。

　　1920 年代初，伴隨著台灣島內民眾民族意識的逐步覺醒和島內知識分子的成長，島外特別是在宗主國日本首都東京所開展的台灣民族運動浪潮開始影響、波及島內，兩地民族運動趨向合流，並共同在台灣全島掀起一場波瀾壯闊的民族運動新高潮，其具體體現即是台灣文化協會的成立。

　　台灣文化協會是在留日台灣學生運動與台灣島內反抗鬥爭合流的條件下，由以蔣渭水為代表的島內知識分子、留日學生以及林獻堂等士紳共同商議，於 1921 年 10 月成立的。為了避免日本殖民者阻撓，文化協會表面上提出以「助長台灣文化之發展」為宗旨，〔註42〕但其真實目的，是對廣大民眾

---

〔註39〕 楊肇嘉：《楊肇嘉回憶錄》，臺北：三民書局股份有限公司 2007 年第四版，第 192 頁。

〔註40〕 楊肇嘉：《楊肇嘉回憶錄》，臺北：三民書局股份有限公司 2007 年第四版，第 196 頁。

〔註41〕 台灣總督府警務局編，王乃信等譯：《台灣社會運動史——政治運動》，臺北：創造出版社 1989 版，第 58～59 頁。

〔註42〕 「台灣總督府警務局」：《台灣社會運動史——文化運動》，臺北：創造出版社 1989 年版，第 191 頁。

進行新知識和文化觀念的灌輸，實施文化啓蒙宣傳，喚醒台灣同胞的民族意識，以擺脫日本的殖民統治。誠如文化協會所宣稱：「漢民族是保有五千年光榮文化之先進文明人，決不屈服於異民族的統治之下。日本的統治方針，乃在消滅所有漢民族的文化和傳統，把她作爲經濟榨取的對象，完全成爲日本的隸屬民族，或作爲被壓迫民族，擬加以壓迫拘束，我們應該喚起漢民族的民族自覺，把台灣做爲我們的台灣，自己統治自己。爲排除屈辱團結起來」。〔註43〕

　　台灣文化協會成立後，以從事文化啓蒙運動爲主，全面開展提高台灣民眾的文化水平和啓發民智的工作。〔註44〕文協通過發行會報，設置報刊雜誌閱覽所，舉辦各種演講會、電影欣賞會、劇劇活動，藉此將民族自決、自由民主、社會主義的思想傳播給台灣民眾，以促進民眾的政治覺醒，〔註45〕同時也倡導改善風俗，如吸食鴉片、迷信、鋪張浪費、婚葬等社會陋習。在台灣文化協會舉辦的各種活動中，以「文化演講會」最具有影響力，這項活動初期只在城市舉行，場次有限。從 1923 年下半年起，開始巡迴至各鄉鎮演講，在 1925～1926 年達到最高潮。據統計，台灣文化協會在 1925 年和 1926 年舉行演講會均是 315 場，1925 年的聽講人數最多，達 11.78 萬人，盛況空前。〔註46〕文化協會的巡迴演講，喚醒了台灣民眾的民族意識和抗日意識。每當台灣文化協會舉行演講會時，聽眾如潮水般洶湧，他們以鳴放鞭炮表示歡迎和喜悅，日本殖民者則如臨大敵，以維持治安爲由派出大批警察去進行干預和阻撓。台灣文化協會以舉辦演講會的方式開啓民智做法，使各地警察局深感威脅，以致日本殖民者要求林獻堂、蔣渭水聯署提出聲明書，聲明台灣文化協會只是文化團體，不作政治運動爲保障。〔註47〕文化協會的巡迴講座場次愈來愈多，對群眾的影響愈大，再加上演講會又有宣傳「台灣議會設

〔註43〕「台灣總督府警務局」：《台灣社會運動史——文化運動》，臺北：創造出版社 1989 年版，第 224 頁。

〔註44〕俄羅斯國立社會政治史檔案館／全宗 495／目錄 128／案卷 6，第 78 頁。原件，打字稿，英語。

〔註45〕蕭友山、徐瓊二：《台灣光復後的回顧和現狀》，臺北：海峽學術出版社 2002 年版，第 15 頁。

〔註46〕「台灣總督府警務局」：《台灣社會運動史——文化運動》，臺北：創造出版社 1989 年版，第 206 頁。

〔註47〕「台灣總督府警務局」：《台灣社會運動史——文化運動》，臺北：創造出版社 1989 年版，第 236 頁。

置請願運動」的舉動，日本殖民者無法容忍，於是頒佈了《學術講習會取締規則》，派出警察在演講會場監聽，如有內容不妥，警方隨時可出面制止。違規輕微者，則命令中止演講；情況嚴重者，則命令集會解散。以 1926 年的文化演講會爲例，全年 315 場活動，遭到 35 次被解散的命運，而也有 157 次演講被中止的記錄（見下表）。

表：台灣文化協會演講會（1923～1926）[註48]

| 年 | 演講次數 | 聽眾人數 | 被解散次數 | 被中止次數 |
|---|---|---|---|---|
| 1923 | 36 | 21,086 | 5 | 19 |
| 1924 | 132 | 44,050 | 12 | 36 |
| 1925 | 315 | 117,880 | 7 | 64 |
| 1926 | 315 | 112,965 | 35 | 157 |

　　隨著台灣文化協會的影響不斷擴大，台灣人民反日民族情緒也不斷高漲，引起日本殖民者的警惕，他們立即加強控制和鎮壓。「台灣總督府」一方面組織辜顯榮、林熊徵等御用人士成立「公益會」和「有力者大會」等團體，[註49] 公然與台灣文化協會相對抗，另一方面則直接運用警察、監獄等暴力機器進行赤裸裸的鎮壓。台灣文化協會舉辦的講演會經常被扣上違反「治安」的罪名而遭到禁止，文協負責人被恫嚇和拘捕，同時還散佈謠言極力挑撥文化協會的內部矛盾，進行分化瓦解。

## 三、台灣民族運動的分化

　　台灣文化協會發展的轉折點乃出自內部的分裂。1920 年代，正是中國、日本政治局勢發生深刻變化的時期，1921 年中國共產黨誕生，1922 年日本共產黨接著成立，1923 年中國共產黨與國民黨結成統一戰線，採取了「聯俄、聯共、扶助農工」三大政策，隨後北伐戰爭取得勝利。所有這些都給了島內外台灣知識分子以極大的刺激，在大陸的臺籍學生紛紛建立如平社、台灣學生聯合會等組織，左傾色彩十分濃厚。在島內，有連溫卿等人組織的社會問題研究會，翁澤生、洪朝宗等人組織的臺北青年會，蔡孝乾等人組織的彰化

[註48]　「台灣總督府警務局」:《台灣社會運動史——文化運動》，臺北：創造出版社 1989 年版，第 206～207 頁。
[註49]　「台灣總督府警務局」:《台灣社會運動史——文化運動》，臺北：創造出版社 1989 年版，第 239～242 頁。

無產青年派等等，一大批青年的思想急劇左傾。尤其是連溫卿的社會問題研究會與山川均保持密切聯繫，「研究無產階級解放運動之理論及戰術，以此對其領導下的青年加以宣傳、煽動」。「台灣總督府」稱其「對於當時的民族主義統一運動戰線，逐漸地醱成了無產階級運動抬頭的機運」。〔註50〕

　　在島內外與日俱增的共產主義思想和國共合作的國民革命的影響下，台灣的民族主義運動發生了新的變化。原本保持完整統一的民族運動戰線文化協會，由於在民族運動發展方針路線上有所分歧，文化協會內部就逐漸分化成三派。這三派分別是：以林獻堂、蔡培火為中心的所謂「改良主義派」，受日本國內民主運動的影響，主張進行文化啓蒙來合法地實現民族自決，為文協右翼；以蔣渭水為中心的所謂「民族主義派」，受孫中山的民族主義思想的影響，主張結合工農大眾來達成民族自決，為文協的中間派；以連溫卿、王敏川為中心的所謂「社會主義派」，主要受日本、中國無產階級社會主義革命運動的影響，主張階級鬥爭，以期爭取台灣民族解放，最後達到階級解放，為文協左翼。〔註51〕由於蔡培火將文化運動局限於文化的範疇，蔣渭水謀求的是以農工為基礎的全民運動的路線，連溫卿則主張無產階級應占民族運動的主導地位，〔註52〕所以三者之間的對立逐漸明顯起來。

　　隨著文化協會會員的左傾，文化協會的宗旨成了爭論的問題。文化協會的左派、各地無產青年組織都主張台灣文化協會的「方向轉換」，把「文化協會的主要任務，從改良主義或民族主義的啓蒙運動轉為社會主義的政治鬥爭，即，台灣文化協會不僅是文化團體，而且是一個政治團體」。〔註53〕圍繞著台灣文化協會的「方向轉換」問題，原有的三派展開了尖銳鬥爭。1927年1月，文協召開臨時代表大會，左派代表連溫卿、王敏川等在鬥爭中取得領導權；林獻堂、蔣渭水等舊文協幹部則退出文協，台灣文化協會正式分裂。〔註54〕1927年7月，蔣渭水、林獻堂等舊文協幹部建立了「台灣民眾黨」。

〔註50〕 「台灣總督府警務局」：《台灣社會運動史——文化運動》，臺北：創造出版社1989年版，第244頁。

〔註51〕 蘇新：《未歸的臺共鬥魂》，臺北：時報文化出版企業有限公司1993年版，第101頁。

〔註52〕 「台灣總督府警務局」：《台灣社會運動史——文化運動》，臺北：創造出版社1989年版，第254頁。

〔註53〕 蘇新：《未歸的臺共鬥魂》，臺北：時報文化出版企業有限公司1993年版，第102頁。

〔註54〕 「台灣總督府警務局」：《台灣社會運動史——文化運動》，臺北：創造出版社

台灣民眾黨成立後，民族主義派與改良主義派的矛盾日益加劇，最後改良主義派退出「台灣民眾黨」，並於 1930 年 8 月建立了「台灣自治聯盟」。至此，台灣的民族運動在組織形式上也分為三派，即連溫卿、王敏川代表的台灣文化協會（左派）、蔣渭水代表的台灣民眾黨（中派）、林獻堂代表的台灣自治聯盟（右派）。〔註 55〕

　　20 世紀 20 年代，林獻堂領導的「台灣議會設置請願運動」，在日本政府及「台灣總督府」的刻意壓制下，都在日本議會以「審議未了」、「不採納」的情況下而宣告失敗。1924 年 4 月，許乃昌在《從台灣議會到革命運動》一文，向林獻堂明確地表達了反對「台灣議會設置請願運動」的意見：「你們想在日本法律容許的範圍內，在台灣另設一個立法機構，亦即『台灣議會』，來處理台灣的一切政策和法律。其代表者並將這議案遞向日本國會，叩頭屈膝，請求允准者，已達三次，但極端的日本資本主義，對台灣剝削的惡勢力卻愈益增加不已。終於，上述的叩頭請願運動，只落得招來主要分子 28 名入獄的下場。其間毫無慈悲可言。」「我台灣同胞！諸位於今還熱衷於台灣議會的請願運動嗎？可以休矣，但願諸位不要再被島田三郎一派的偽君子所欺蒙了。台灣議會實際上不會帶來任何好處，今後再用數百顆頭顱叩地哀求，其結果還是一樣的。要求日本帝國主義施捨我們些微的幸福，無疑是緣木求魚、水中撈月。」〔註 56〕這就直接否定了林獻堂等穩健派以設置台灣議會來達到台灣自治的鬥爭方略。

　　隨著加入文化協會無產青年的增加及舊文協會員思想左傾者激增，到了 1926～1927 年間，文化協會內部結構的天平已經開始傾向激進派的一邊，要求改組文化協會的呼聲高漲。連溫卿甚至公開提出「如欲解放台灣人民，必須主張階級鬥爭」。1926 年 10 月，王萬得等人面見林獻堂，直截了當地申明：「台灣議會設置請願運動乃毫無實現可能的妄動，即使它實現了亦非增進台灣人幸福之途。此一運動承認資本主義、帝國主義且強調其存在。我們無產階級政黨反對如此不徹底的妄動，主張應即刻中止。」〔註 57〕這就直接否定

　　　　1989 年版，第 256 頁。
〔註 55〕蘇新：《未歸的臺共鬥魂》，臺北：時報文化出版企業有限公司 1993 年版，第 103 頁。
〔註 56〕台灣總督府警務局編，王乃信等譯：《台灣社會運動史——文化運動》，臺北：創造出版社 1989 版，第 99 頁。
〔註 57〕「台灣總督府警務局」：《台灣社會運動史——無政府主義運動》，臺北：創造

了林獻堂等穩健派以設置台灣議會來達到台灣自治的鬥爭方略，二者的矛盾已不可調和。1927 年 1 月 3 日的文化協會臨時總會上，以連溫卿爲代表的「左」傾激進派掌握了領導權，林獻堂等人宣佈退出，文化協會正式分裂。

## 第三節　台灣共產黨誕生前的共產國際、日本共產黨、中國共產黨

### 一、共產國際的成立及其東方戰略

　　20 世紀 20 年代，蘇俄和共產國際爲了從東方打破帝國主義的包圍和封鎖，同時援助東方各國人民的民族解放鬥爭，建立東方反帝統一戰線制定了一整套路線、方針、政策（簡稱「東方戰略」）。這一戰略的實施，極大地推動了東方各國人民的民族解放運動和東方共產主義運動。它從一個側面展示出共產國際的活動和蘇俄的外交工作風貌，以及國際共產主義運動向東方推進的歷史進程。

### （一）共產國際成立及其性質、任務

　　十月革命勝利後，在列寧的領導下，經過長期的醞釀和籌備，1919 年 3 月 2 日至 6 日共產國際第一次代表大會在莫斯科召開。這次代表大會通過了《共產國際宣言》、《共產國際綱領》等文件，共產國際宣告成立了。通過共產國際的綱領、宣言及其章程，我們可以看出共產國際的性質。共產國際「是無產階級的統一的、集中的國際性政黨。」〔註 58〕「是各國共產黨的聯合組織，是統一的世界性的共產黨。共產國際是世界無產階級革命運動的領袖和組織者，是共產主義原則和目標的體現者，它爲爭取工人階級的多數和貧苦農民的廣大階層，爲確立世界範圍內的無產階級專政，爲建立世界社會主義蘇維埃共和國聯盟；爲完全消滅階級和實現社會主義——共產主義的第一階段——而奮鬥。」〔註 59〕

　　據此，共產國際的性質可歸納爲：共產國際是統一的世界性政黨，凡加

---

出版社 1989 年版，第 15 頁。

〔註58〕〔匈〕貝拉‧庫恩：《共產國際文件彙編》第一冊，北京：生活‧讀書‧新知三聯書店 1965 年版，第 15 頁。

〔註59〕〔匈〕貝拉‧庫恩：《共產國際文件彙編》第一冊，北京：生活‧讀書‧新知三聯書店 1965 年版，第 84 頁。

入共產國際的各國共產黨，都是它的下屬支部；共產國際的任務是組織領導全世界無產階級以及貧苦農民、廣大勞動群眾的革命運動；共產國際的目標是確立世界範圍內的無產階級專政、建立世界社會主義蘇維埃共和國聯盟，實現社會主義和共產主義。

從共產國際的性質，我們可以看出：共產國際從一誕生就高舉無產階級國際主義旗幟。它強調革命無產階級在國際範圍內協調其行動的絕對必要性，並把民族範圍內的階級鬥爭利益同世界革命的任務結合起來，共產國際肩負的責任是，使帝國主義國家的無產階級鬥爭同殖民地、半殖民地國家被壓迫人民的民族解放運動經常保持緊密的聯繫，支持被壓迫人民的鬥爭，以便促進世界帝國主義制度的最終瓦解。《共產國際宣言》號召：「全世界的無產者，在反對帝國主義獸行、反對帝制、反對特權等級、反對資產階級國家和資產階級所有制、反對各種各樣的階級壓迫或民族壓迫的鬥爭中聯合起來！」〔註60〕「全世界的無產者，在工人蘇維埃的旗幟下，在奪取政權和實行無產階級專政的革命鬥爭的旗幟下，在第三國際的旗幟下聯合起來！」〔註61〕

總之，共產國際的性質及其國際主義精神決定其自誕生之日起就以嶄新的面貌出現在世人的面前，它是「一個公開的群眾性行動的國際，是一個實現革命的國際，是一個創建事業的國際。」〔註62〕它是各國無產階級、被壓迫群眾的大救星。它一誕生就號召全世界無產者聯合起來，為無產階級的解放而奮鬥，並且把幫助各國無產階級先進分子建立真正革命的馬克思主義政黨看作自己義不容辭的首要任務。因此，它把幫助台灣先進分子建立臺共視為其一項義不容辭的任務。這是共產國際幫助臺共建黨的深刻根源。

## （二）共產國際四大以前，其注意力主要集中於西方無產階級革命

共產國際四大以前，蘇俄和共產國際的戰略重點在歐洲。這是因為列寧曾認為，新生的蘇維埃共和國假若得不到歐洲革命的援助，就會陷於失敗。1918年3月，列寧在俄共（布）第七次代表大會上曾經說過：「從全世界歷

〔註60〕〔匈〕貝拉·庫恩：《共產國際文件彙編》第一冊，北京：生活·讀書·新知三聯書店1965年版，第93頁。

〔註61〕〔匈〕貝拉·庫恩：《共產國際文件彙編》第一冊，北京：生活·讀書·新知三聯書店1965年版，第93頁。

〔註62〕〔匈〕貝拉·庫恩：《共產國際文件彙編》第一冊，北京：生活·讀書·新知三聯書店1965年版，第93頁。

史範圍來看，如果我國革命始終是孤立無援的，如果其他國家不發生革命運動，那麼毫無疑問，我國革命的最後勝利是沒有希望的。……我再說一遍，能把我們從所有這些困難中拯救出來的，是全歐洲的革命。」〔註63〕當列寧對全歐革命寄於極大希望時，在十月革命的感召下，從東歐到西歐的確出現了歐洲歷史上罕見的革命風暴：1918年1月爆發的芬蘭革命，9月保加利亞的弗拉戴士兵起義，11月又發生了德國十一月革命；在英、法、意等國，廣大工人階級則掀起了「不許干涉蘇俄」運動，它標誌著一次大戰後西歐和南歐工人運動的復興。整個歐洲似乎真的出現了列寧期待已久的「全歐革命形勢」。1920年7月，俄國紅軍挺進華沙，把這種形勢推向了最高潮。在共產國際二大上，列寧在為大會起草的《共產國際基本任務》提綱中，毫不掩飾自己的樂觀情緒。他認為，第一次世界大戰後，「世界資本主義經濟的『結構』正在全面瓦解，在資本主義制度下藉以取得原料和銷售產品的貿易關係，已無法維持了」；「全世界的資本主義制度都正在遭受巨大革命危機」。〔註64〕基於這樣的估量，提綱規定：「共產黨的當前任務在於加速革命」，進一步的任務則是「無產階級準備取得國家政權，並且是無產階級專政的形式政權。」〔註65〕這次會議依據上述觀點，擬定了在歐洲加速社會主義革命到來的「直接進攻策略」。西方戰略在會上佔了主導地位。

　　然而，由於當時世界共產主義運動的歷史條件和俄國革命的直接影響範圍所限，東方殖民地半殖民地國家的無產者和被壓迫人民群眾對十月革命及其之後掀起的歐洲蘇維埃運動知之甚少，並且由於當時的東方革命只處於發展的初級階段、處於醞釀階段，所以沒有掀起像歐洲那樣的革命高潮。正是由於東西方這種客觀的革命形勢的緣故，共產國際一大召開的時候，雖然也有邀請東方國家的代表參加或列席會議，但東方國家的代表沒有參加會後共產國際的活動，也沒有引起共產國際對東方革命的注意，沒有把東方革命作為世界無產階級革命的一部分來看待和給予幫助。相反，當時共產國際一大卻極大地關注著西方革命，對西方革命寄予極大希望，賦予了西方革命支持蘇俄鬥爭，深化和完成無產階級世界革命的重任。

---

〔註63〕《列寧全集》第39卷，北京：人民出版社1985年版，第161頁。

〔註64〕《列寧全集》第39卷，北京：人民出版社1985年版，第161頁。

〔註65〕〔匈〕貝拉・庫恩：《共產國際文件彙編》第一冊，北京：生活・讀書・新知三聯書店1965年版，第140頁。

## （三）共產國際四大召開時，開始把注意力轉向東方，號召、組織、
## 領導東方革命

　　共產國際成立之初，共產國際只把希望寄予西方無產階級革命。然而，二大還未開完，形勢就突髮逆轉。先是 8 月，蘇俄紅軍受挫於華沙城下，接著是東歐各國的革命風暴，隨著芬蘭、巴伐利亞、匈牙利等國家和地區的蘇維埃政權的相繼夭折而漸趨平息；在資本主義較發達的西歐，遲遲未出現無產階級奪取政權的形勢。一系列的變化，使列寧很快意識到他對全歐革命形勢的估計是不切實際的。正當西方無產階級革命陷入低潮的時候，東方的民族解放運動卻蓬勃地發展起來。外蒙古的先進分子在共產國際的幫助下，於 1921 年 3 月成立蒙古人民黨，7 月成立人民革命政府，宣告獨立。印度工人罷工、農民起義、甘地領導的「不合作運動」在全印度蓬勃興起；在印度尼西亞，東印度共產主義聯盟於 1920 年 5 月成立，立即領導了爪哇和蘇門答臘的工人罷工運動。伊拉克、敘利亞、埃及等國反對英、法的鬥爭也連綿不斷。土耳其國民軍在凱末爾領導下，從 1920 年 4 月起與英國、希臘侵略軍作戰，展開民族獨立戰爭。東西方形勢的彼長此消，向共產國際提出了轉變策略的要求。

　　1922 年 11 月 5 日至 12 月 5 日，共產國際召開四大。東方問題成為大會的中心議題。在《共產國際策略》提綱中，除繼續堅持三大所確定的西方戰略退卻原則外，著重分析了東方民族解放鬥爭的前景，指出「印度、埃及、愛爾蘭和土耳其的民族解放運動的實例表明：殖民地和半殖民地國家正在形成反對帝國主義勢力的蓬勃的革命起義的策源地和無窮無盡的革命力量的源泉」。﹝註 66﹞針對這一前景，共產國際要求殖民地半殖民地的工人政黨及共產主義者擔負起雙重職任：「一方面，力謀對於資產階級民主革命中的諸問題作再徹底的解決法」，「另一方面，組織工人農民為其本階級特別的利益而奮鬥，並利用民族主義的資產階級民主派之間的矛盾，而自取其利。」﹝註 67﹞這次會議集中力量討論了東方的事務，並產生一份重要文件：《東方問題總提綱》。它指出，近一年來，「東方革命運動之勃興」，「已今非昔比」，且「有

---

﹝註66﹞〔匈〕貝拉・庫恩：《共產國際文件彙編》第一冊，北京：生活・讀書・新知三聯書店 1965 年版，第 411 頁。

﹝註67﹞孫武霞等編：《共產國際與中國革命資料選輯》（1919～1924），北京：人民出版社 1985 年版，第 199 頁。

非常重要的意義，所以必須嚴格地加緊在殖民地上的工作」；〔註68〕共產國際
和共產黨的首要任務就是在東方建立「反對帝國主義的聯合戰線」；「殖民地
和半殖民地國家的工人運動，首先應在整個反帝戰線中爭到成爲一個獨立的
革命因素。只要承認它的這種獨立的作用，並保持它在政治上的完全自主，
才有可能而且有必要同資產階級民主派達成暫時的妥協」。〔註69〕提綱告誡各
國共產黨與農民結盟的重要性：「如果不依靠廣大農民群眾，就不可能取得勝
利。因此，東方各國的革命黨必須明確制定自己的土地綱領。」〔註70〕提綱
最後號召西方各國共產黨要「格外努力援助殖民地之勞動運動及革命運動，
與以物質上思想上的援助」，「帝國主義國家的共產黨都應當在中央委員會之
下，特設一殖民地委員會，專任其事」。〔註71〕《東方問題提綱》是繼列寧
的民族和殖民地理論之後的又一份綱領性文件。「四大」也是東方戰略超過
西方戰略，上升爲主要戰略的標誌。1923 年 3 月，重病纏身的列寧在他的
政治遺囑《寧肯少些，但要好些》一文中，重新估量了東方問題的重要意義：
「正是由於第一次帝國主義戰爭的影響，東方已經最終加入了革命運動，最
終捲入了全世界革命運動的總漩渦」；「鬥爭的結局歸根到底取決於這一點，
俄國、印度、中國等等構成世界人口的絕大多數。正是這大多數的人口，最
近幾年來也非常迅速地捲入自身解放的鬥爭中，所以在這個意義上講來，世
界鬥爭的最終解決將會如何，是不能絲毫懷疑的。在這個意義上講來，社會
主義最後勝利是完全和絕對有保證的。」〔註72〕

　　1924 年 7 月，共產國際五大通過的《策略問題提綱》，檢討了以往忽視
東方的錯誤：「共產國際是世界革命的組織。雖然如此，從許多情況看來，
共產國際過多地注意了西方。對於最廣義上的東方，今後也必須更多地注
意。在過去的一個時期，在印度、日本、中國、土耳其都建立了共產主義運
動的第一批支部」；「工人的廣泛的經濟鬥爭正在蓬勃展開」；「共產國際應及

〔註68〕孫武霞等編：《共產國際與中國革命資料選輯》（1919～1924），北京：人民出
　　　　版社 1985 年版，第 203 頁。
〔註69〕中國社會科學院近代史研究所編：《共產國際有關中國革命的文獻資料》第 1
　　　　輯，北京：社會科學出版社 1981 年版，第 72 頁。
〔註70〕孫武霞等編：《共產國際與中國革命資料選輯》（1919～1924），北京：人民出
　　　　版社 1985 年版，第 206 頁。
〔註71〕孫武霞等編：《共產國際與中國革命資料選輯》（1919～1924），北京：人民出
　　　　版社 1985 年版，第 204 頁。
〔註72〕《列寧全集》第 39 卷，北京：人民出版社 1985 年版，第 161 頁。

時對這一運動給以最大的注意」，並從各方面支持它。「它必定不僅在歐洲，而且也在全世界範圍內，導致革命的勝利。」〔註73〕

總之，國際革命形勢的變化，東方民族革命運動的興起，促使共產國際的注意力轉向東方，同時促使其戰略策略發生轉變，號召資本主義國家的無產階級支持東方國家民族解放運動，並且希望盡快幫助東方各國建立無產階級革命政黨，以便更好地領導東方革命運動和支持蘇俄與西方無產階級革命。

## 二、台灣共產黨誕生前的日本共產黨

### （一）日共的建立

19 世紀末 20 世紀初，日本工人運動的發展和馬克思主義在日本的傳播為日共建立提供了客觀條件，俄國十月革命的勝利使日本的馬克思主義者受到啟發和鼓舞。1918 年 11 月東京大學學生成立「新人會」以研究馬克思主義。1920 年 11 月，以堺利彥、山川均和無政府主義者大杉榮等為首，聯合組成了日本社會主義者同盟。1921 年起，日本各地相繼成立了一批共產主義小組，如堺利彥發起的「無產社」，山川均、德田球一、渡邊政之輔等人成立的「水曜會」，市川正一等人領導的「無產階級社」，高津正道等人創立的「曉民會」等。〔註74〕1921 年 4 月，堺利彥、山川均等建立日共籌備委員會，起草了《日本共產黨宣言》、《日本共產黨章程》，並將這些活動向共產國際作了報告。1922 年 1 月，共產國際在莫斯科召開遠東地區各國共產主義組織代表大會，日本有 14 名代表參加，其中有片山潛、堺利彥、德田球一、野阪參三等。會議期間討論了日本形勢和日本共產主義運動問題。日本代表回國後即著手建黨的籌備工作。

1922 年 7 月 15 日，日共第一次代表大會於東京召開。大會通過日共臨時黨章，選舉堺利彥、德田球一、市川正一、野阪參三、山川均、荒佃寒村、近藤榮藏、高津正道、橋浦時雄、高瀨清等為中央委員，推選堺利彥為日共中央委員會委員長。日共一大還正式作出了參加共產國際的決定。1922 年 12 月，日本代表出席共產國際第四次大會，共產國際正式接受日共為共產國

〔註73〕〔匈〕貝拉・庫恩：《共產國際文件彙編》第二冊，北京：生活・讀書・新知三聯書店 1965 年版，第 28 頁。

〔註74〕〔日〕日本共產黨中央委員會編：《日本共產黨六十年》上冊，北京，人民出版社 1986 年版，第 12 頁

際日本支部，片山潛在這次大會上當選爲共產國際執行委員會主席團委員。
〔註75〕在片山潛的參加下，共產國際爲日共制定了日本共產黨綱領草案，稱
爲《1922年綱領草案》。這一草案首次提出「廢除君主制」等21項行動綱領，
其主要任務是「推翻天皇政府和廢止天皇制」，並指出：「資產階級革命的完
成，將成爲以推翻資產階級統治和實現無產階級專政爲目標的無產階級革命
的序曲。」〔註76〕

　　1923年3月，日共中央在東京石神井召開黨的臨時代表大會，討論了
日共綱領草案。該綱領草案提出了廢除天皇制、廢除貴族院、實現8小時工
作制、沒收地主土地、給18歲以上男女以普選權、撤出在國外的一切駐軍
等基本主張。日共成立後開展了組織群眾進行鬥爭的工作。從1923年4月
起，發行《赤旗》雜誌、《勞動新聞》和《農民運動》等刊物。日共還爲發
展全國「水平社」等部落解放運動組織而努力，並開展了反對干涉蘇俄的活
動，提出「日本與朝鮮的工人團結起來」的口號。

### （二）20世紀20年代日本政府對日共的鎮壓

　　日本天皇制專制政權從建立之日起就不斷向國民灌輸「天皇權力神聖不
可侵犯」等皇權思想，對勞動人民實行專制暴政，根本不可能允許主張廢除
天皇制、無神論的日共存在。日本政府通過警察和特務分子不斷搜查日共活
動。1923年6月，日本政府根據特務的情報，以違反《治安警察法》爲名對
日共進行了第一次鎮壓。堺利彥、德田球一、市川正一、野阪參三等黨的重
要領導人及黨員100多人被捕。這使日共剛剛建立起來的黨組織遭受了重大
損失。同年9月，日本關東發生大地震，東京一帶人民生命財產損失慘重。
軍閥山本權兵衛內閣捏造「社會主義者陰謀發動暴亂」，誣稱「朝鮮僑民趁
地震混亂將搞暴動」，以此爲藉口殺害朝鮮僑民3000多人及華僑數百人，日
共領導成員、共青同盟委員長川合義虎、無政府主義者大衫榮夫婦也慘遭殺
害。〔註77〕

　　面對白色恐怖，日本共產黨內部在黨的戰略策略及黨的建設等問題上出

---

〔註75〕　〔日〕日本共產黨中央委員會編：《日本共產黨六十年》上冊，北京：人民出
　　　　　版社1986年版，第15頁。

〔註76〕　日本共產黨史資料委員會編，林放譯：《共產國際關於日本問題方針、決議
　　　　　集》，北京：世界知識出版社1960年版，第2頁。

〔註77〕　〔日〕日本共產黨中央委員會編：《日本共產黨六十年》上冊，北京：人民出
　　　　　版社1986年版，第21頁。

現分歧，產生了悲觀情緒和失敗主義傾向。以山川均和赤松克麿爲代表的右傾機會主義者認爲，日本還不具備建立共產黨的條件，主張進行合法鬥爭，並於 1924 年作出解散黨的決議，致使日本工人階級和人民群眾的鬥爭一度沒有得到日本共產黨的領導。〔註78〕當時德田球一等人堅決不同意解散，正在第三國際總部的片山潛也堅決反對，並做出了「在任何情況下解散黨都是錯誤的」的重要結論。1925 年 1 月，在共產國際的幫助下，他們在上海召開了日共黨代表會議，會上作出了重建日本共產黨的決議。1926 年 12 月，日共在山形縣五色溫泉召開了第三次代表大會，批判了山川均取消主義的錯誤，完成了重新建黨的任務，並正式選出了由佐野學、德田球一、市川正一、渡邊政之輔等人組成的黨中央委員會。〔註79〕此後，日共內部又產生了以福本和夫爲代表的「左」傾機會主義，企圖把這個黨變爲脫離廣大工農群眾的少數激進知識分子的政黨。他們還認爲，日本的資本主義已經處在「急劇沒落」的階段，從而做出「革命已迫在眉睫」的主觀主義判斷，使日共陷入孤立。1927 年 7 月，共產國際邀請日本共產黨領導人去莫斯科討論通過了《關於日本問題的提綱》，即《二七年綱領》。這是日本共產黨自建黨以來提出的第一個正式綱領。這個綱領對日本社會、政治、經濟等問題作出宏觀的全面分析，強調日本現階段的革命是資產階級民主革命，革命的主要任務是廢除天皇制和半封建地主土地所有制；強調反對日本帝國主義發動侵華戰爭，並在批判山川均的右傾機會主義、福本和夫的「左」傾機會主義的基礎上，確定了建立群眾性的先鋒隊的建黨方針。〔註80〕1928 年 2 月，渡邊政之輔出任日共中央委員長。重建後的日共根據《二七年綱領》的建黨方針，著手在工人中發展黨員，建立基層組織。1928 年 2 月，秘密出版黨中央機關報《赤旗報》，在極困難的條件下進行黨的方針政策的宣傳。

1928 年 2 月日本政府施行所謂「普選」，根據普通選舉法，凡年滿二十五歲的男子均享有選舉權與被選舉權，日共指導部接到駐上海共產國際東方局的指示：「必須利用選舉而在大眾面前公然展開宣傳，藉以擴大黨勢」，在地

---

〔註78〕 〔日〕日本共產黨中央委員會編：《日本共產黨六十年》上冊，北京：人民出版社 1986 年版，第 22 頁。

〔註79〕 〔日〕日本共產黨中央委員會編：《日本共產黨六十年》上冊，北京：人民出版社 1986 年版，第 27 頁。

〔註80〕 〔日〕日本共產黨中央委員會編：《日本共產黨六十年》上冊，北京：人民出版社 1986 年版，第 31～32 頁。

下秘密活動的日共於是借助左派無產政黨的「勞動農民黨」（簡稱「勞農黨」）
為合法的掩護，推選德田球一、山本懸藏、井之口正雄等 11 人作為勞農黨候
選人參加競選。結果，日本無產階級政黨在國內議會大選中，獲得約 49 萬張
選票，占全部選票的 4.7%，並有 8 人當選為議員。﹝註81﹞這使得日本政府驚
恐萬分，為此，他們對無產階級政黨及外圍團體採取極端嚴厲的鎮壓政策。
1928 年 3 月 15 日，日本政府在全國範圍內對日共發動了一次大規模鎮壓，一
夜之間逮捕日共黨員及支持者達 1600 多人，其中包括日共領導人野阪參三、
志賀義雄等，此即「三・一五」事件。不僅如此，做為群眾橋樑的外圍團體
的勞農黨、日本勞動組合評議會、日本無產青年同盟、學生聯合會、東大新
人會、各大學社會科學研究會等也一律被日本政府強制解散。京都大學教授
河上肇、東京大學教授大森義太郎、九州大學教授向阪逸郎等著名的共產主
義學者也一一從學校被驅逐。同年七月，日本警方為了長期施展鎮壓政策，
竟把只設在東京警視廳的「特高課」（全稱為特別高等刑事課）擴大到全國各
地，「特高課」在二戰前成為人人最為畏懼的警察特務網，日共生存環境日益
艱難，被迫加強了地下活動。

　　「三・一五」事件後，日共活動日益困難，在日共中未遭逮捕的渡邊政
之輔、市川正一等人領導下，開始重建黨的各級組織的活動，同時開展反戰
活動。20 世紀 20 年代後期，日本國內軍國主義分子猖狂，加緊法西斯暴政統
治，陰謀發動更大規模的侵華戰爭，奪取殖民地，擴大海外市場，企圖以此
擺脫面臨的嚴重政治經濟危機。日本政府為進一步破壞和鎮壓一切民主運動
和革命運動，擴大警察、特務活動，於 1928 年 6 月，修改《治安維持法》，
對「以變革國體為目的所有領導者和組織者」，均以判死刑或無期徒刑進行恫
嚇，日共又首當其衝的被列為鎮壓的對象。

　　1929 年 4 月 16 日，日本政府對日共發動了第四次大規模的鎮壓，史稱
「四・一六」事件。在此次鎮壓中，以市川正一為首的全體中央委員包括高
橋貞樹、鍋山貞親和三田村四郎等中央領導人，以及黨的支持者千餘人被捕。
「三・一五」事件和「四・一六」事件，使日共中央領導幾乎全部被捕，黨
組織遭到空前的破壞，力量遭受嚴重損失。﹝註82﹞然而，尚存的日共黨員沒

﹝註81﹞　〔日〕日本共產黨中央委員會編：《日本共產黨六十年》上冊，北京：人民出
　　　　　版社 1986 年版，第 36 頁。
﹝註82﹞　〔日〕日本共產黨中央委員會編：《日本共產黨六十年》上冊，北京：人民出

有被嚇倒，仍繼續進行鬥爭，並在 1929 年 7 月恢復出版《赤旗報》，發行半合法刊物《第二無產者新聞》。

### （三）全面侵華戰爭前夕，日共黨組織遭受毀滅性打擊。

《三二年綱領》通過後，日共中央根據新的方針開展黨的工作，重點放在揭露軍國主義法西斯暴政和反戰宣傳方面。日本政府則利用種種卑劣手段，如向日共黨內派遣特務，收集日共情報，陰謀進行更大的迫害。

1932 年 10 月，政府又利用日共在熱海召開全國代表大會，討論《1932 年綱領》之際，發動了第五次大逮捕，史稱「熱海事件」，前後共有日共黨員、共青團員及「全協」（日本勞動組合全國會議）積極分子 1500 多人被捕，其中包括許多非黨進步教師。[註83]

1933 年 3 月，日警在大阪地區又發動了對日共的第六次大逮捕，日共黨員、「全協」全體中央委員及其他進步分子 1500 多人被捕。1933 年以後，由未被捕的野呂榮太郎和宮本顯治主持中央工作，同年 11 月，由於特務告密，野呂被捕，1934 年 2 月慘死在獄中，年僅 33 歲。野呂犧牲後，宮本顯治負責日共中央工作，僅一個月，1933 年 12 月宮本也被捕入獄。宮本之後由袴田裏見主持日共中央工作，1935 年 3 月，袴田里見也被捕，同年 2 月《赤旗報》停刊。至此，日共中央領導成員，除個別流亡國外，全部被捕入獄，黨組織幾乎全部被破壞。[註84]到 1945 年 8 月日本戰敗投降前這十年時間裏，除少數黨員和黨小組進行著零散而勇敢的鬥爭之外，日本的共產主義運動基本上停頓下來。

## 三、台灣共產黨誕生前的中國共產黨

### （一）中共的成立與早期的革命活動

在十月革命和馬克思列寧主義的影響下，1919 年中國爆發了反帝反封建的「五・四」運動。在「五・四」運動中，以李大釗、陳獨秀、毛澤東、周恩來爲代表的一大批具有初步共產主義思想的革命知識分子，紛紛組織革命

版社 1986 年版，第 39～42 頁。
〔註83〕〔日〕日本共產黨中央委員會編：《日本共產黨六十年》上冊，北京：人民出版社 1986 年版，第 62 頁。
〔註84〕〔日〕日本共產黨中央委員會編：《日本共產黨六十年》上冊，北京：人民出版社 1986 年版，第 75 頁。

團體，創辦革命刊物，深入實際鬥爭。在工人中間進行宣傳和組織工作，促進馬克思列寧主義同中國工人運動相結合，為中共的建立在思想上、幹部上作了準備。〔註85〕

　　1921年7月23日至31日，在共產國際的幫助下，中共在上海舉行了第一次全國代表大會。出席大會的有毛澤東、董必武等十三名代表，代表五十多名黨員。共產國際代表馬林（荷蘭人，共產國際民族殖民地委員會秘書，1931年4月來華，任共產國際駐中國的代表）也出席了大會。大會通過了黨綱和黨的任務的決議，選舉了黨中央領導機構，陳獨秀為總書記，宣告了中共的成立。〔註86〕中共是中國工人階級的先進部隊和最高組織形式。從此，中國革命便在中國工人階級先鋒隊——中共的領導下，進入為徹底推翻帝國主義、封建主義和官僚資本主義而英勇鬥爭的新階段。

　　中共成立以後，致力於領導工人運動，形成了中國工人運動第一個高潮：1922年1月至1923年2月，爆發了一百多次罷工，參加罷工的有三百多萬人。1922年1月爆發了香港二萬多海員反抗英國資本家的大罷工，推動了全國工人運動的發展。1922年9月，毛澤東、劉少奇領導的安源路礦工人大罷工的勝利，對中國工人運動的發展，產生很大的影響。〔註87〕

　　在全國工人運動的高潮中，中共於1922年7月在上海召開了第二次全國代表大會，通過了《中國共產黨加入第三國際》等決議案和《中國共產黨章程》，制定了黨的徹底地反帝反封建的民主革命綱領和最終達到共產主義社會的最高綱領，給中國人民指明了現階段革命鬥爭的任務和方向。〔註88〕

　　中共正式參加共產國際之後，在組織上進一步密切了它同共產國際的聯繫。共產國際於1923年1月通過了《共產國際關於國共合作的決議》，肯定中共和中國國民黨合作的必要性。同年5月，共產國際又發出《指示》，強調了革命統一戰線的領導權和工農主力軍的作用。為了解決建立革命統一戰線的問題；1923年6月中共在廣州召開了第三次代表大會。大會正確地估計

〔註85〕中共中央黨史研究室：《中國共產黨歷史大事記》，北京：中共黨史出版社2006年版，第4頁。

〔註86〕中共中央黨史研究室：《中國共產黨歷史大事記》，北京：中共黨史出版社2006年版，第8頁。

〔註87〕中共中央黨史研究室：《中國共產黨歷史大事記》，北京：中共黨史出版社2006年版，第12頁。

〔註88〕中共中央黨史研究室：《中國共產黨歷史大事記》，北京：中共黨史出版社2006年版，第11頁。

了孫中山反帝、反封建軍閥的民主主義立場，分析了把國民黨改造為工人、農民、小資產階級、民族資產階級革命聯盟的可能性，決定與孫中山領導的國民黨建立革命統一戰線，實行國共合作。〔註89〕

在中共的幫助下，1924年1月20日，孫中山在廣州召開了有共產黨員參加的、具有重大歷史意義的國民黨第一次代表大會。大會通過了共產黨人起草的以反帝、反封建為主要內容的宣言，確定了聯俄、聯共、扶助農工的三大政策，從而把舊三民主義發展為新三民主義。大會選舉有李大釗、毛澤東等十名共產黨員參加的國民黨中央執行委員會。這樣，國民黨就由資產階級性質的政黨開始轉變為工人、農民、城市小資產階級和資產階級的民主革命聯盟。〔註90〕從此，中國人民在中共的領導下進行了轟轟烈烈的第一次國內革命戰爭。

中共通過改組了的國民黨宣傳自己的革命主張，積極開展工農運動，推動了全國革命形勢的發展。1925年，爆發了震動全國的上海「五卅」反帝運動。同年6月起，發生了著名的廣州和香港工人的省港大罷工。參加這次罷工的工人達二十五萬，持續了十六個月之久，是世界工人運動史上時間最長的一次大罷工，它沉重地打擊了英帝國主義。〔註91〕這個時期中共所領導的農民運動也蓬勃發展，特別是彭湃領導的廣東農民運動和毛澤東領導的湖南農民運動，發展得更為迅猛，建立了農民協會和農民武裝。中共還在廣州創辦了農民運動講習所，訓練農運幹部。

在工農運動的推動下，1926年7月以共產黨人為骨幹的國民革命軍從廣東出師，開始了北伐戰爭，不到半年時間，便把革命紅旗插遍了長江以南的廣大地區，沉重打擊了帝國主義和北洋軍閥的反動統治。

工農運動的高漲，北伐戰爭的節節勝利，引起了帝國主義和地主買辦資產階級的恐慌和仇恨。混在革命隊伍中的國民黨右派蔣介石，在帝國主義的支持下，經過一番策劃之後，終於公開叛變革命，於1927年4月12日發動了反革命政變，血腥屠殺共產黨人和廣大工農群眾。〔註92〕1927年7月15

〔註89〕中共中央黨史研究室：《中國共產黨歷史大事記》，北京：中共黨史出版社2006年版，第15～16頁。

〔註90〕中共中央黨史研究室：《中國共產黨歷史大事記》，北京：中共黨史出版社2006年版，第18～19頁。

〔註91〕中共中央黨史研究室：《中國共產黨歷史大事記》，北京：中共黨史出版社2006年版，第24頁。

〔註92〕中共中央黨史研究室：《中國共產黨歷史大事記》，北京：中共黨史出版社2006

日，武漢國民政府汪精衛公開背棄孫中山三大政策，在武漢地區對共產黨人和革命群眾進行大逮捕，大屠殺。〔註93〕至此第一次國共合作破裂，轟轟烈烈的大革命遭到失敗。

## （二）共產國際的指導方針與中共的三次「左」傾

大革命失敗後，共產國際開始轉變對中國革命的政策，並停止了陳獨秀的領導職務。中共舉行了「八一」南昌起義，開始了武裝反對國民黨反動派的活動。1927年8月7日，中共中央召開緊急會議，在共產國際新任駐華代表羅米那茲的指導下，會議選出了以瞿秋白為首的臨時中央政治局，確定了土地革命和武裝反對國民黨反動派的總方針，成功地實現了革命政策的轉變。但羅米那茲錯誤地提出在反帝反封建的同時要打倒資產階級，從而給「左」傾路線開闢了道路。〔註94〕「八七」會議後，羅米那茲系統地提出了不間斷革命論，認為中國革命必須不停留地由資產階級民主革命發展到社會主義革命，所以應該時刻記住反對資產階級。不間斷革命論為中共中央領導人接受並用以分析和指導革命，便形成了指導思想上的盲動主義。「左」傾盲動主義給中國革命事業帶來了不必要的損失。這是中國第二次國內革命戰爭時期中共的第一次「左」傾錯誤。

1928年2月召開的共產國際執委會第九次擴大全會通過了《關於中國問題的決議案》，指出中國革命的性質是資產階級民主革命。決議提出了克服「左」傾盲動傾向的任務，對於糾正瞿秋白的「左」傾盲動主義，正確認識形勢有積極意義。但決議把民族資產階級看做「三個主要反革命勢力」之一，提出「城市中心論」，並錯誤指責農村游擊戰爭，對即將召開的中共六大產生了不良影響。〔註95〕1928年共產國際六大提出「第三時期」理論，該理論的系統化、俄國革命經驗的絕對化以及聯共（布）黨內和共產國際內部的反右傾鬥爭，成為中國黨內李立三「左」傾錯誤的直接來源和重要內容。1929年共產國際連續給中共中央發出三封指示信，認為革命高潮在延續，中國已

　　　年版，第33頁。
〔註93〕中共中央黨史研究室：《中國共產黨歷史大事記》，北京：中共黨史出版社2006年版，第36頁。
〔註94〕中共中央黨史研究室：《中國共產黨歷史大事記》，北京：中共黨史出版社2006年版，第37頁。
〔註95〕中共中央黨史研究室：《中國共產黨歷史大事記》，北京：中共黨史出版社2006年版，第39～40頁。

進入全國危機時期，號召中共打擊富農，推翻「地主階級聯盟的政權」，建立「工農獨裁」，並要求中共開展反右傾鬥爭，克服黨內「一切小資產階級動搖」，並且由於「中東路事件」，還指示中共中央發動群眾「武裝保衛蘇聯」。當時以李立三爲首的中共中央據此進一步錯誤地估計了國內形勢和黨所面臨的任務，於 1930 年 6 月 11 日召開政治局會議，通過了《新的革命高潮與一省或幾省的首先勝利》，制定了組織全國武裝暴動和集中紅軍攻打大城市的計劃。〔註 96〕李立三的「左」傾冒險主義是第二次國內革命戰爭時期中共的第二次「左」傾錯誤。

　　李立三的計劃由於過分冒險和違背「保衛蘇聯」的要求，不僅在中共黨內遭到反對，也未得到共產國際的支持。1930 年 7 月 23 日，共產國際執委會政治書記處開會，不點名地批評了李立三的計劃，又派參加會議的周恩來、瞿秋白回國主持召開中共六屆三中全會，停止了軍事冒險行動。1931 年 1 月由共產國際代表米夫操縱的中共六屆四中全會召開。會議認定立三路線爲「右」傾，把「擁護國際路線的代表」王明推上了領導崗位。王明掌握領導權之後，推行了一條比前兩次「左」傾更「左」的路線。〔註 97〕其理論更系統，形態更完備，其基本特徵是教條主義和主觀主義。王明「左」傾路線的貫徹，使中共在白區的力量喪失殆盡，使根據地損失 90%。1935 年 1 月，中共在長征途中召開了遵義會議。遵義會議是中共黨史上的轉折點，也是共產國際和中國革命關係的轉折點。自此，中共基本上擺脫了由於共產國際影響而犯的「左」傾錯誤，走上了獨立自主的發展道路。

---

〔註 96〕中共中央黨史研究室：《中國共產黨歷史大事記》，北京：中共黨史出版社 2006年版，第 47 頁。

〔註 97〕中共中央黨史研究室：《中國共產黨歷史大事記》，北京：中共黨史出版社 2006年版，第 49～50 頁。

# 第二章　台灣共產黨的成立

## 第一節　台灣島內外共產主義活動為台灣共產黨成立準備了思想條件和幹部力量

　　第一次世界大戰前後，世界政治格局及思想潮流發生了深刻的變化，民族自決原則廣泛傳播，各國民族解放運動此起彼伏、愛爾蘭獨立運動、祖國大陸的辛亥革命和五四運動、朝鮮獨立起義、俄國的十月革命、中共的成立以及日本國內民主運動的興起，無不給予島內外台灣知識分子以極大的刺激。因此，在世界各種思想潮流的影響下，台灣先進知識分子開始探索民族解放道路，為實現台灣人民的解放而奮鬥。20 年代中期以後，在激進的革命思潮的影響下，台灣進步知識青年將目光轉向了社會主義，開始接受馬克思主義，投身於以推翻殖民統治為目標的民族革命活動。在這一過程中，台灣馬克思主義知識分子隊伍逐漸形成。台灣進步知識分子接觸社會主義和馬克思主義的途徑主要是日本、祖國大陸。

### 一、台灣先進知識青年在日本的共產主義活動

　　日據時期台灣殖民當局實行民族歧視性的差別教育制度，台灣人缺乏接受高等教育的機會。20 世紀初期，台灣青年學生主要留學日本，至 1922 年，台灣在日本的留學生達 2400 餘名，他們大多學習政治、經濟或法律。受各種新思潮的影響，當時日本國內民主運動興起。在西方傳入東京的諸多近代思潮中，最具影響力的是民族主義與社會主義。

　　19 世紀末 20 世紀初，社會主義思潮開始傳入日本，各種宣傳社會主義
的報刊書籍在日本紛紛湧現，受此影響，日本的青年學生紛紛組織社團、出
版刊物，研究和宣傳社會主義思想和馬克思主義。尤其是俄國十月革命後，
馬克思主義在日本廣泛傳播，社會主義運動在日本方興未艾。1918 年 11 月
東京大學學生成立「新人會」以研究馬克思主義。1920 年 11 月，以堺利彥、
山川均和無政府主義者大杉榮等爲首，聯合組成了日本社會主義者同盟。
1921 年起，日本各地相繼成立了馬克思主義小組，如堺利彥發起的「無產
社」，山川均、德田球一、渡邊政之輔等成立的「水曜會」，市川正一等領導
的「無產階級社」，高津正道等創立的「曉民會」等。〔註1〕1922 年 7 月，
日共秘密建黨。1923 年又成立「全國學生聯合會」（1924 年改爲「學生社會
科學聯合會」），該組織實際上是日共的外圍組織。在日本共產主義運動的影
響下，在留日台灣學生當中，逐漸湧現了一批從事共產主義活動的先進分子。

　　在留日台灣學生當中，彭華英是最早爲社會主義思潮所吸引的人。1921
年他在日本明治大學就讀期間，與激進的社會主義者堺利彥、山川均、高津
正道等人頻繁接觸，並加入他們所組成的「曉民會」組織，參與各種演講會
或研究會的宣傳活動，同時登記爲「日本社會主義同盟」的盟員。〔註2〕他曾
經在《台灣青年》上發表關於社會主義方面的文章，介紹俄國十月革命成功
以來社會主義在世界各國的發展、社會主義的精神與目標和國家社會主義的
衰退與共產主義的興起，〔註3〕並在台灣學生中廣泛宣傳社會主義思想。他特
別與朝鮮左翼分子及中國學生聯繫，但是由於受到日警的嚴密監視，1921 年
7 月，彭華英被迫前往上海從事共產主義活動。

　　在日本社會主義思潮的衝擊下，東京台灣青年會中台灣留學生許乃昌、
楊貴、楊雲萍、商滿生、高天成、林朝宗和林聰等人逐漸傾向共產主義。1926
年 1 月，他們在東京台灣青年會之下，另行組成台灣新文化社，宣傳共產主
義。其中許乃昌於 1922 年在上海大學就讀，因表現突出，1924 年被中共推薦
去蘇聯的莫斯科東方大學學習。1925 年 8 月，他來到東京，負責發展台灣學

〔註1〕〔日〕日本共產黨中央委員會編：《日本共產黨六十年》上冊，北京：人民出
　　　　版社1986年版，第 12 頁。
〔註2〕「台灣總督府警務局」：《台灣社會運動史——共產主義運動》，《島外的初期
　　　　共產主義運動》，臺北：創造出版社1989年版，第 2 頁。
〔註3〕彭華英：《社會主義之概說（上）》，《台灣青年》1921 年 5 月 15 日，第50～
　　　　57頁。

生的共產主義運動。1927 年 4 月底，這批人在許乃昌等人的倡導下在東京台灣青年會之下秘密組織了「社會科學研究部」，研究和探討有關共產主義的書籍和文獻，培養東京台灣留學生馬列主義和群眾運動的人才，同時其成員接受東京大學研究馬克思主義的團體——「新人會」和「無產青年同盟」的思想影響並和日共取得了聯繫。他們利用假期返回台灣，組織演講會，宣傳社會主義思想。〔註4〕

　　在眾多從事共產主義活動知識分子當中，蘇新也是其中最突出的一位。早在 1923 年，蘇新在臺南師範學校讀書時，他就秘密參加了受「五四」運動影響的台灣文化協會，由於領導學生舉行罷課，反對日本奴役台灣人民，而被學校當局開除。1924 年他被迫離開台灣到日本留學。蘇新在大成中學就讀時，即因閱讀進步書籍而與日共學生運動幹部廣瀨氏和藤田勇結成好友，後來在他們的影響下而加入日共外圍組織「學生聯合會」。1927 年至 1929 年任台灣文化協會駐東京代表，發行兼主編該會機關報《台灣大眾報》，領導在日本的台灣留學生的學生運動。1928 年參加日共，並參與臺共的籌建工作，成為臺共最早的黨員之一。〔註5〕

## 二、台灣先進知識青年在祖國大陸的共產主義活動

　　1920 年代初期，民族自決的潮流衝擊著世界各地的殖民地被壓迫民族。1920 年 7 月共產國際通過列寧的「關於民族及殖民地問題的綱領」，震醒了沉睡百年的東方被壓迫民族。1924 年 1 月國共合作以後，祖國大陸革命運動蓬勃發展。1925 年，中國發生五卅慘案，中國工農運動迅速發展，祖國大陸都彌漫在革命氣氛當中，身處其境的台灣學生，無不深受激勵。因此，在祖國大陸學習的台灣學生對於台灣的民族解放運動自然而然就活躍起來，紛紛組織各種政治團體，追求台灣的獨立和解放。在這些團體當中從事共產主義活動的主要以上海和廣州兩地的團體最為活躍。

### （一）在上海的台灣青年革命團體

　　在上海的台灣青年革命團體中，代表人物是彭華英和許乃昌。他們和中共關係密切，得到了中共的指導和支持，其活動大體可以分為三個階段：

---

〔註4〕簡炯仁：《台灣共產主義運動史》，臺北：前衛出版社 1997 年版，第 50 頁。
〔註5〕蘇新：《未歸的臺共鬥魂》，臺北：時報文化出版企業有限公司 1993 年版，第363 頁。

第一階段：尋找夥伴。1921 年 7 月，蔡惠如和彭華英從日本來到上海，開始和台灣學生接觸。爲尋求對台灣民族運動的援助，他們和國民黨及亞洲各殖民地國家的民族主義者保持聯繫，其中特別重要的是朝鮮共產主義者呂運亨和中共黨員羅豁的聯繫工作。此外，他們還經常進出蘇聯領事館以取得財務支持。〔註6〕上海的台灣解放運動在他們的努力下獲得進展，1923 年 10 月「上海台灣青年會」宣告成立，開始推動實際的工作，並且與朝鮮和中國共產主義者共同協商有關的台灣政治運動。〔註7〕

第二階段：迅速發展。1924 年 3 月，居住在中共黨員羅豁家中的台灣青年和朝鮮青年，被羅豁的共產主義信念所感染，在呂運亨和彭華英的提議下，他們和卓武初、尹滋英、許乃昌、蔡孝乾、蔡炳耀（蔡惠如之子）等人組織了以「研究現代學術，介紹世界思潮，以圖人類互助之實現」爲宗旨的、跨國性的團體「平社」，〔註8〕發行《平平》雜誌，提倡共產主義及階級鬥爭思想，反對民族主義式的議會請願運動。他們就台灣議會設置運動對林獻堂提出意見，質疑這個運動的有效性，他們主張「殖民地台灣的民族解放運動必須團結所有的階級，對外聯合日本的革命人民，以及東亞的被壓迫民族，打倒共同的敵人——日本帝國主義；然後再團結世界弱小民族，打倒資本主義，完成世界革命！」〔註9〕1924 年 10 月和 1925 年 3 月，許乃昌、謝廉清分別前往莫斯科東方大學學習。學成歸來後，他們便開始發展台灣共產主義運動。許乃昌回來不久即前往東京，謝廉清則往返北京、上海、廈門、和廣州等地活動，組織左翼的台灣學生。謝廉清與蔡孝乾、陳炎田等共同組織「赤星會」，同時出版《赤星》雜誌，傳播共產主義思想。〔註10〕1925 年 12 月 20 日，蔡孝乾、彭華英、許乃昌、何景寮、王慶勳等人聯絡上海大學、暨南大學、大夏大學、南洋醫科大學等學校的台灣留學生，按照中國的「全國學生聯合會」模式，在大夏大學創建「上海台灣學生聯合會」。然而，由於當時「大夏大學

〔註6〕 「台灣總督府警務局」：《台灣社會運動史——共產主義運動》，《島外的初期共產主義運動》，臺北：創造出版社 1989 年版，第 2 頁。
〔註7〕 《台灣民報》，大正 13 年 1 月 1 日。
〔註8〕 藍博洲：《日據時期台灣學生運動》，臺北：時報文化出版企業有限公司 1993 年版，第 221 頁。
〔註9〕 藍博洲：《日據時期台灣學生運動》，臺北：時報文化出版企業有限公司 1993 年版，第 228 頁。
〔註10〕 「台灣總督府警務局」：《台灣社會運動史——共產主義運動》，《島外的初期共產主義運動》，臺北：創造出版社 1989 年版，第 3 頁。

被視爲共產主義的巢穴，公安局的取締極爲嚴厲」，他們不得不把「場所遷移至法租界南光中學」，匆匆舉行了成立大會。參加會議的有 100 多名台灣學生，10 多名中國人和朝鮮人，由「蔡孝乾、何景寮兩人擔任司儀」。〔註 11〕從此以後，這個學生組織取代了上海的其他台灣人組織，吸引上海的左翼台灣人紛紛加入進來，「對於在中國發展的台灣共產主義運動而言，這象徵著一個新階段的開始」〔註 12〕。它「隨著中國學生運動的興衰，或向前發展，或停滯沈寂，並隨著運動的進程而逐漸加深其共產主義的思想傾向，爲台灣本島的共產主義運動鋪路。」〔註 13〕

　　第三階段：台灣青年接受中共的指導。1925 年爆發的「五卅」運動，使上海的台灣學生直接接受了這場反帝反封建革命風暴的洗禮。在此前後，有一批台灣青年就讀於中共和國民黨左派聯合創辦的紅色大學——上海大學。中共早期許多著名領導人、理論家，如瞿秋白、施存統、惲代英等都在該校任職和任教。在中共的影響下，就讀於「上大」台灣學生開始信仰共產主義。其中翁澤生於 1925 年 4 月進入「上大」社會系學習，他在「上大」社會系主任瞿秋白的教導下而確立共產主義世界觀。1925 年 7 月，他在反帝風暴中由「上大」中共黨支部書記高爾柏介紹加入中共黨組織。〔註 14〕同年 7 月，在中共黨組織的安排下，林木順和謝雪紅也由杭州調到上海，進入上海總工會和赤色救濟會工作。〔註 15〕「五卅」慘案發生後，上海掀起了大規模的反帝愛國運動，林木順和謝雪紅也積極投身於這個運動，喊出了「打倒帝國主義」、「打倒封建主義」、「打倒軍閥」、「廢除不平等條約」、「收回台灣」等響亮的口號。〔註 16〕經過鬥爭的錘鍊，1925 年 8 月，謝雪紅在中共黨員黃中美的介紹下加入了中共黨組織。〔註 17〕之後，中共黨組織推薦她與林木順於同年 9

〔註 11〕 「台灣總督府警務局」:《台灣社會運動史——文化運動》，臺北：創造出版社 1989 年版，第 109 頁。

〔註 12〕 盧修一:《日據時代台灣共產黨史，1928～1932》，臺北：前衛出版社 2006 年版，第 38 頁。

〔註 13〕 藍博洲:《日據時期台灣學生運動》，臺北：時報文化出版企業有限公司 1993 年版，第 159 頁。

〔註 14〕 何池:《翁澤生傳》，福州：海風出版社 2004 年版，第 79 頁。

〔註 15〕 謝雪紅口述，楊克煌筆錄:《我的半生記》，臺北：楊翠華（楊克煌之女）出版 1997 年版，第 167 頁。

〔註 16〕 謝雪紅口述，楊克煌筆錄:《我的半生記》，臺北：楊翠華出版 1997 年版，第 166 頁。

〔註 17〕 謝雪紅口述，楊克煌筆錄:《我的半生記》，臺北：楊翠華出版 1997 年版，第

月進入「上大」社會系學習。〔註18〕以後這批人都成爲臺共的主要創建人。

## （二）在廣州的台灣青年革命團體

廣東不僅是革命先行者孫中山的故鄉，也是中國國民革命的大本營。自1924 年 1 月第一次國共合作以後，祖國大陸都彌漫在革命氣氛當中，身處其境的台灣學生，無不深受激勵。尤其是處在大革命中心的廣州台灣學生，「目擊中國革命黨人，謀國之誠；益深感被壓迫於日帝國主義下之台灣同胞，非從事革命運動，將無由達到民族解放之目的。」〔註19〕1926 年 12 月，在大革命的影響下，廣東的台灣學生代表郭德金、吳拱照、張茂良、張深切、張秀哲、洪紹潭、林文騰、謝文達等 20 多人在中山大學集會，在中山大學校長戴季陶的指導下，舉行「廣東台灣學生聯合會」的成立大會。在這次大會上，洪紹潭強調成立該會的目的。他說：「台灣是中國的土地，台灣人是中國人。然則，這個台灣和這些中國人，爲何要受日本帝國主義者的壓迫，而在水深火熱中煎熬呢？我們爲了要解救受苦的台灣人，需要研究革命。而爲了革命的完成，我們認爲最佳而且必須的條件是，台灣人的同心協力。故而，在此組織學生聯合會，用以聯合各地的學生，以便燃起革命的烽火。希望各位學生諸君，爲達成此一目的而努力不懈，自許爲革命的先鋒，務必一致協力奮鬥。」〔註20〕1927 年 3 月，爲使「廣東台灣學生聯合會」的革命意識更加清楚，同時又能廣泛吸收台灣學生以外的臺籍人士參加，於是，他們將「廣東台灣學生聯合會」更名爲「廣東台灣革命青年團」，並「以打倒台灣的日本帝國主義，完成民族革命爲目標。」〔註21〕該團還於 4 月 1 日創辦機關報《台灣先鋒》，進行反日革命宣傳工作。該創刊號不僅在卷首有孫中山肖像和遺囑，而且裏面的內容還有戴季陶的《孫中山與台灣》演講稿和中共黨員施存統、安體誠、任卓宣等人的文章。〔註22〕1927 年 6 月 13 日，

---

174 頁。

〔註18〕謝雪紅口述，楊克煌筆錄：《我的半生記》，臺北：楊翠華出版 1997 年版，第176 頁。

〔註19〕台灣省文獻委員會：《台灣省通志稿——抗日志・革命篇》，臺北：海峽學術出版社 2002 年版，第 242 頁。

〔註20〕台灣總督府警務局編，王乃信等譯：《台灣社會運動史——文化運動》，臺北：創造出版社 1989 版，第 159 頁。

〔註21〕台灣總督府警務局編，王乃信等譯：《台灣社會運動史——文化運動》，臺北：創造出版社 1989 版，第 161 頁。

〔註22〕戴季陶：《孫中山與台灣》，《台灣先鋒》（創刊號）1927 年 4 月 1 日，第 1～2 頁。

爲聲援台灣學生反日罷課活動，廣東台灣革命青年團發表宣言：「希望全國同胞一致起來援助」，「大家聯合起來，打倒日本帝國主義，取消『馬關條約』，廢除一切不平等條約，收回台灣！」〔註23〕該青年團中不少團員如楊春錦、陳辰同，曾就讀於「黃埔軍校」而致力於中國共產主義運動。1927 年 6 月下旬，「廣東台灣革命青年團」被國民黨右派視爲左翼組織而被迫解散。1927年 8 月，「廣東台灣革命青年團」主要領袖張深切、郭德金和林文騰等人在祖國大陸先後遭日警逮捕，並押回台灣拘禁。〔註 24〕青年團雖然解散，但是大部分團員爲祖國和台灣的解放事業而奮鬥的理想沒有改變。其中有些團員加入中共黨組織，還有一些團員參加臺共的建黨大會。其中有不少人如張茂良、吳拱照、郭德金等人，一出監牢就立即參加了台灣的共產主義運動。〔註 25〕

## 三、台灣先進知識青年在台灣島內的共產主義活動

文化協會成立後，在日本和中國從事共產主義活動的台灣留學生與這個組織經常保持聯繫，這批學生通過文化協會把共產主義思想帶回到台灣。社會主義思潮刺激著文化協會的激進幹部，使得當時台灣島內的知識青年開始注意和研究馬克思主義，台灣的共產主義活動開始高漲起來。

### （一）社會問題研究會和青年組織

20 世紀 20 年代初期，彭華英、謝文達等在祖國大陸從事共產主義活動時，文化協會幹部連溫卿在臺北與他們保持聯繫而逐漸傾向於共產主義。1923 年，在孫中山決定採取了「聯俄聯共」政策並推進國共合作之後，蔣渭水等文化協會領導幹部受其影響而開始關注共產主義。在社會主義思潮的衝擊下，文化協會以連溫卿、蔣渭水等爲首的一批骨幹人物思想日趨激進。1923 年 7 月，蔣渭水、石煥長、連溫卿、謝文達等人發起成立「社會問題研究會」，研究蘇聯革命及勞工、農民問題，尤其是「研究無產階級解放運動之理論及戰術，以此對其領導下的青年加以宣傳、煽動」。「台灣總督府」稱其「對於當時的民族主義統一運動戰線，逐漸的釀成了無產階級運動抬頭

〔註23〕　《廣州民國日報》1927 年 6 月 13 日第 6 版。
〔註24〕　「台灣總督府警務局」：台灣社會運動史——文化運動》，《廣東台灣革命青年團的檢舉》，臺北：創造出版社 1989 年版，第 183 頁
〔註25〕　《台灣民報》昭和 3 年 3 月 4 日。

的機運。」〔註 26〕「台灣總督府」以違反出版規定爲由，命令它解散。儘管遭到禁止，但研究會的活動使得島內有關社會革命思想的討論開始傳播起來。

1923 年 8 月，由在廈門集美中學「留學」回台灣的翁澤生、洪朝宗聯絡蔣渭水、王敏川等擬再組「臺北青年會」，遭到「台灣總督府」的禁止。〔註 27〕9 月，青年會成員不顧禁令另外成立「臺北青年體育會」和「臺北青年讀書會」，這兩個組織經常集會，研究社會問題和討論各種思潮，並開展共產主義的準備工作。1924 年 11 月，這兩個革命團體爲了避免再次被「台灣總督府」所取締，他們便使用「臺北無產青年」的名稱，以打破陋習爲名進行共產主義宣傳。〔註 28〕在文化協會的指導下，全島各地依照臺北的例子紛紛成立類似的青年會組織。

1924 年 5 月，連溫卿參加在東京舉行的世界語大賽並認識日共領袖山川均，受其影響，逐漸成爲一個堅定的勞農共產主義者。返臺後，他召集臺北和彰化的「無產青年」，極力分發日共支持的《無產者新聞》和《前進》雜誌，宣傳共產主義。〔註 29〕1924 年 11 月及 1925 年 1 月，「臺北無產青年」先後兩次舉辦「打破陋習大演講會」，宣傳反帝反封建和社會主義新思想，翁澤生、洪朝宗因抗拒日警入場，而被日警逮捕，以「妨礙執行公務罪」，拘留 3 個月。「臺北無產青年」不畏殖民當局，頻頻舉行活動，1925 年 1 月，開始籌備列寧紀念日，5 月，又準備舉行國際勞動節示威遊行，這兩個計劃都因日警的干涉而未能如願。〔註 30〕1926 年 6 月 17 日，「臺北無產青年」趁著日本人慶祝「始政紀念日」的機會，舉行演講會和室外集會，強烈譴責日本對台灣的殖民統治，因此，其成員洪朝宗、王萬得、潘欽信、高兩貴、胡柳生等人遭日警逮捕拘留。〔註 31〕

---

〔註 26〕「台灣總督府警務局」：《台灣社會運動史——文化運動》，《島內社會主義思想的滲透》，臺北：創造出版社 1989 年版，第 244 頁。

〔註 27〕「台灣總督府警務局」：《台灣社會運動史——文化運動》，臺北：創造出版社 1989 年版，第 248 頁。

〔註 28〕「台灣總督府警務局」：《台灣社會運動史——文化運動》，臺北：創造出版社 1989 年版，第 252 頁。

〔註 29〕「台灣總督府警務局」：《台灣社會運動史——文化運動》，臺北：創造出版社 1989 年版，第 244～245 頁。

〔註 30〕「台灣總督府警務局」：《台灣社會運動史——文化運動》，臺北：創造出版社 1989 年版，第 253 頁。

〔註 31〕「台灣總督府警務局」：《台灣社會運動史——文化運動》，臺北：創造出版社 1989 年版，第 253 頁。

### （二）文化協會的「左」傾

隨著文化協會會員的「左」傾，文化協會的宗旨，成了爭論的問題。文化協會的左派、各地無產青年組織都主張台灣文化協會的「方向轉換」，把「文化協會的主要任務，從改良主義或民族主義的啓蒙運動轉爲社會主義的政治鬥爭，即台灣文化協會不僅是文化團體，而且是一個政治團體。」〔註32〕圍繞著台灣文化協會的「方向轉換」問題，原有的三派展開了尖銳鬥爭。1927年1月的文化協會臨時總會委員選舉時，王敏川、連溫卿聯合蔣渭水一派，戰勝了蔡培火一派，奪取了台灣文化協會的領導權，蔡培火一派退出了文化協會。〔註33〕不久，社會主義派和民族主義派的鬥爭也日趨表面化，蔣渭水一派也退出了文化協會。這樣文化協會就由一個兼容左、中、右三種民族民主勢力的組織轉向爲一個「左派」組織，此後，文化協會日益傾向社會主義。

## 第二節　台灣島內的農工運動爲台灣共產黨的成立奠定了階級基礎

### 一、農民運動

日據時期，雖然台灣農民占總人口的大多數（見表1）〔註34〕，但是大部分土地卻被地主和自耕農所佔有（見表2）〔註35〕。約占農村人口70%的貧雇農因沒有土地或者只有少量的土地，而依靠佃耕殖民壟斷資本家和地主的土地以維持其最低限度的生活。

---

〔註32〕蘇新：《未歸的臺共鬥魂》，臺北：時報文化出版企業有限公司1993年版，第101頁。

〔註33〕「台灣總督府警務局」：《台灣社會運動史——共產主義運動》，《島內共產主義運動的抬頭》，臺北：創造出版社1989年版，第5頁。

〔註34〕台灣省行政長官公署統計室：《台灣省五十一年來統計提要》，臺北：進學書局1946年版，第513～514頁。

〔註35〕台灣省行政長官公署統計室：《台灣省五十一年來統計提要》，臺北：進學書局1946年版，第522～523頁。

## 表1 台灣農民人數

| 年份<br>（年） | 農業總人口<br>（人） | 自耕農<br>（%） | 半自耕農<br>（%） | 佃農<br>（%） | 農業人口與總<br>人口數之比率 |
|---|---|---|---|---|---|
| 1910 | 2086955 | 34% | 23% | 43% | 63% |
| 1913 | 2199468 | 32% | 26% | 42% | 62% |
| 1916 | 2279541 | 31% | 26% | 43% | 64% |
| 1922 | 2220302 | 32% | 29% | 39% | 58% |
| 1926 | 2377047 | 30% | 31% | 39% | 58% |
| 1927 | 2401816 | 30% | 31% | 39% | 57% |
| 1928 | 2458257 | 30% | 31% | 39% | 57% |
| 1929 | 2489247 | 29% | 31% | 39% | 56% |
| 1930 | 2534404 | 29% | 31% | 39% | 54% |

## 表2 土地面積擁有數（1921年）

| | 大地主 | 中地主 | 富農 | 中農 | 貧農 | 散工 |
|---|---|---|---|---|---|---|
| 戶數 | 196 | 376 | 20345 | 51688 | 157450 | 172931 |
| 與全戶數之比率 | 0.05% | 0.09% | 5.03% | 12.75% | 38.86% | 42.68% |
| 占全臺可耕地之<br>百分比 | 13.06% | 12.52% | 24.23% | 21.96% | 22.55% | 5.68% |

區分標準：大地主：97畝以上者，中地主：19.4畝到96畝者，富農 4.85畝到 19.3
畝者，中農：1.94畝到 4.84畝者，貧農：0.48畝到 1.93畝者，散工：0.00
畝到 0.47畝者。

　　在日本侵佔台灣之前，台灣是一個農業社會，主要農產品商品化的程度
相對較高；土地租佃關係發達，但租佃契約卻以口頭契約為主，且租期較短。
日據時期日本殖民者依據所謂土地調查及林野調查規則，無確據證明所有權
歸屬的土地均收歸國有。大批台灣農民世代耕作的土地便成了所謂「無主地」
而被日本殖民當局強制收奪，這無疑是一種以政權暴力機器為手段迫使勞動
者與生產資料相分離的殖民地原始積累形態。同時，「台灣總督府」還將大
批的公有地以所謂「官有地拂下」的名義優惠發放給日本退休官吏或日資會
社。日本資本家還在警察的助力下以強迫手段收買民間土地。於是，日本殖
民政府、製糖會社成了台灣最大的地主。〔註36〕日本殖民者對土地的巧取

---

〔註36〕〔日〕淺田喬二：《日本帝國主義下的民族革命運動》，東京：未來社 1978 年
　　　版，第51頁。

豪奪及對台灣農民的壓迫，不能不激起他們的反抗鬥爭。台灣農民運動正是主要圍繞著反抗日本殖民者的土地收奪和經濟剝削而展開的，由此賦予這一運動鮮明的民族鬥爭色彩。同時，台灣農民也廣泛地開展著反抗本島土著地主階級壓迫剝削的階級鬥爭。下面筆者就以幾個主要事件為線索做一概述。

（一）竹林事件。1915 年「台灣總督府」把嘉義、竹山等一帶 15,600 甲的竹林劃歸為「模範竹林」，強行收歸為國有地，並由日本三菱造紙株式會社掌握所有權，供其使用經營，且不准附近居民隨意進入，導致原依靠山林生活的 20,000 餘竹農的生計陷入困境。這就激起了當地農民的強烈抗爭。文化協會成立後，也積極介入、推動和領導農民的反抗鬥爭，還介紹日本國會議員田川大吉郎代向日本國會陳情。1925 年，當地農民開展了拒納租稅公課、不履行保甲義務、公學校罷課、向有關當局陳情及舉行反對土地放領示威等一系列抗爭，一度還試圖向巡遊台灣的皇弟秩父宮進言，導致殖民政府神經相當緊張，最後迫使三菱製紙會社不得不做出所謂「大幅讓步」，答允給予原住居民竹林利用權，在以後的事業發展中也多雇傭當地人，竹林販賣價格大幅度降低，〔註37〕達成顯著的效果。

（二）反對放領官地。1924 年 9 月，伊澤多喜男就任台灣總督後，對總督府的官僚機構進行了一番整頓，裁掉大批官吏，為了安撫他們，在 1925～1926 年間，將 3886 甲的所謂「官地」放領給 370 名退職官吏。〔註38〕這些土地雖然名為官地，但卻是農民胼手胝足開墾的溪邊荒地，是得到當地官員許可並允諾將來由他們承購才進行開墾的。現在台灣總督府卻以荒地的名義將這些土地放領給退職官吏。辛苦耕種這些土地的農民非但得不到補償，還被強迫向這些退職官吏交納地租。因此，當日本退職官吏強佔這些土地時，當地農民為了維護自身正當權益，就不可避免的與日本退職官吏發生了很大的矛盾。反對官地放領的浪潮，以中南部較為激烈，臺中州大甲郡大肚莊有 48.5甲土地放領給 6 名日本退休官吏，牽涉其中的 73 位農民派代表向農民組合領導人簡吉、趙港求援，並組織大甲農民組合，阻止對土地的丈量，發動壯丁團全體辭職、公學校罷課三天，最終迫使日本退休官吏將土地轉賣給台灣人

〔註37〕台灣總督府警務局：《台灣社會運動史——農民運動》，臺北：創造出版社 1989 年版，第 60～62 頁。

〔註38〕台灣總督府警務局：《台灣社會運動史——農民運動》，臺北：創造出版社 1989 年版，第 51 頁。

經營，在延阻官地放領進程上，具有積極的意義。〔註39〕

（三）針對製糖會社的抗爭。糖業是台灣殖民地經濟的主幹，在日本殖民政府的支持下，製糖會社強制以低價購買農民的土地，壓低甘蔗收買價格，並通過資金預貸及肥料、水利灌溉等手段對原料採取區內的蔗農進行控制和盤剝，這種嚴重損害台灣農民利益的行為不能不激起強烈的反抗浪潮。在土地收購方面，即使是名為現金收購的農民土地，也大多是在動用警察的力量下逼迫進行的，據記載：「官僚與會社想出來的名目，是廉價收買耕地，自己經營農場，不過，耕地的所有主不肯廉價出賣，那是一定的。在此情形之下，發生作用的，都是警察官吏，警察時用傳票，召集耕地所有主，對於不肯出賣者，不惜予以體罰或拘留。」〔註40〕1909年的林本源製糖株式會社強制購買西螺、濁水溪間土地約3000甲，幾乎釀成農民暴動。在收購甘蔗原料方面，為了扶植糖業公司的發展，日本殖民者特別建立了「製糖原料採收區域制度」，該制度規定：（1）蔗農所種植甘蔗只能賣給規定的糖廠，不得越區販賣。（2）甘蔗收購價由廠方於每季甘蔗收成，製成糖於市場銷售後，才制定甘蔗收購價，蔗農不得有異議。（3）秤量甘蔗由廠方進行，蔗農無權參與。（4）種植甘蔗所需的肥料需向所屬糖廠購買，購買金額於收購價中扣除。（5）甘蔗採收由廠方雇工進行，工資由收購價中扣除。在這種奴隸式的制度下，蔗價完全由糖廠片面決定，不能有異議，鄰近糖廠收購價比較高，也不得越區轉賣，肥料還要向糖廠購買，價格也完全由糖廠決定，秤量甘蔗時糖廠總是偷工減兩，蔗農也不得有異議！蔗農在長期的壓迫下，不滿情緒早就蔓延，因此，蔗農反抗日本糖業資本家的鬥爭十分激烈。

蔗農抗爭以二林事件最具代表性。二林地區甘蔗面積廣大，有多家糖廠生產經營，「林本源製糖株式會社」（下稱林糖）的收購價長期比「明治製糖株式會社」（下稱明糖）偏低，而肥料價格林糖卻又比明糖高。1923年起，明糖甘蔗每千斤5.9圓，林糖只有4.7圓；而肥料明糖每包3.3圓，林糖卻4.75圓。兩者一年一甲就差了170圓以上，這種情況已持續兩三年，自然引起林糖蔗農不滿，為此，蔗農一直與林糖會社交涉，但屢爭無效。因此，1925年6月，為爭取合法權益，400多名蔗農成立「二林蔗農組合」，準備長期與林糖會社抗爭。1925年9月，蔗農向林糖會社提出要求：決定收割日期、收割

〔註39〕 台灣總督府警務局：《台灣社會運動史——農民運動》，臺北：創造出版社1989年版，第54頁。
〔註40〕 矢內原忠雄：《日本帝國主義下的台灣》，臺北：台灣銀行1964年版，第13頁。

前先公佈收割價、肥料由蔗農自由選購、雙方共同協定收割價、甘蔗過磅時由雙方共同監視，但被林糖會社所拒絕。1925 年 10 月，林糖會社對蔗農組成蔗農組合不以爲意，在日本警察保護下，聘用臨時工人強制收割甘蔗，引發蔗農不滿，由此激起暴力衝突，造成多人受傷。日本殖民者對蔗農大肆鎮壓，逮捕蔗農 93 人，其中 31 人被判有罪，這就是有名的「二林事件」。〔註41〕二林事件儘管在甘蔗收購價格上未能取得根本性的解決方案，但它標誌著日據時期台灣農民運動步入了一個新的發展階段。

（四）鳳山農民組合的抗爭。1925 年 5 月，高雄大地主陳中和擁有的「物產會社」突然宣佈要從佃農手中收回鳳山約 70 甲的土地，將它轉給姐妹公司新興製糖會社，做爲自營蔗園地。這事關佃農的生計，引起承租土地的佃農強烈不滿，他們集體起來抗爭。〔註42〕文化協會成員黃石順決定效法二林的蔗農，召集 53 名佃農成立「小作人（佃農）組合」開始和陳中和會社鬥爭。「小作人（佃農）組合」向物產公司不斷進行交涉，最終迫使「物產會社」同意暫緩一年收回土地。「小作人（佃農）組合」抗爭的勝利，使農民體會到團結的力量。1925 年 11 月 15 日，黃石順爲了鞏固佃農組合並擴大其影響力，邀請了熱衷於農民運動的簡吉參加這一組織，並把佃農組合改組爲「鳳山農民組合」（組合員 80 多人），推舉簡吉爲組合長。鳳山農民組合成立後，簡吉、黃石順、張滄海等組合幹部在鳳山郡仁武莊舉辦「農民演講會」，啓蒙農民並鼓勵大家團結起來和地主進行鬥爭。1926 年 3 月，新興製糖會社宣佈擬收回鳳山郡大僚莊 270 甲土地的租耕權，而與佃農發生糾紛。大僚莊的農民看到鳳山農民組合團結有力，於是邀請簡吉、黃石順前來指導大僚莊農民抗爭。待新興製糖會社指定交租耕權期限到時，他們採取了鳳山農民組合的抗爭辦法，330 多名佃農中，有 269 人拒絕交出土地，抗爭取得成效。〔註43〕由於鳳山農組抗爭成績斐然，因而鼓舞了各地的農民。當各地農民與地主發生爭議時，簡吉、黃石順也非常熱心地與該地指導者積極聯繫，支持其爭議，提供抗爭經驗，指導農民運動，並先後在大甲、虎尾、竹崎等地幫

〔註41〕台灣總督府警務局：《台灣社會運動史——農民運動》，臺北：創造出版社 1989 年版，第 45～46 頁。
〔註42〕台灣總督府警務局：《台灣社會運動史——農民運動》，臺北：創造出版社 1989 年版，第 48 頁。
〔註43〕台灣總督府警務局：《台灣社會運動史——農民運動》，臺北：創造出版社 1989 年版，第 49～50 頁。

助農民成立農民組合。這爲日後成立全島的農民團體——「台灣農民組合」
奠定了基礎。

　20世紀20年代，台灣農民與日本退職官吏、製糖會社、台灣買辦地主階
級先後進行帶有民族意識與階級色彩的抗爭。台灣農民在抗爭過程中，先後
結成二林、鳳山、大甲、虎尾、竹崎、曾文等農民組合。台灣農民運動蓬勃
發展，打擊了在臺日本資本家和部分土著地主階級的利益，也引起了日本殖
民當局的強力鎮壓，分散的、自發的農民運動形式已經不能適應台灣農民運
動日益發展的需求。爲了推動農民運動的進一步發展，簡吉，趙港提議建立
統一的農民組合來協調台灣農民的鬥爭。1926年6月，全島性的台灣農民組
合正式成立，簡吉任中央委員長。1927年2月，因日本退職官吏侵佔台灣農
民土地，農組中央委員長簡吉與爭議部長趙港爲「土地拂下」和「竹林爭議」
前往東京帝國議會請願，簡、趙的日本之行，雖然最後以「未經審議」成爲
懸案，〔註44〕對解決土地及竹林爭議的問題未獲得具體的成果，但他倆和日
本農民組合、勞農黨建立了聯繫。簡吉、趙港向他們提出請求，由他們在台
灣派駐指導員，指導台灣農民運動，以借鑒日本農民運動的革命經驗。日本
勞農黨骨幹古屋貞雄即是爲此一度駐留台灣，並向台灣農民組合介紹日本勞
農黨之意識形態、戰略及戰術。在日本勞農黨的指導和影響下，台灣農民組
合領導人的思想進一步向馬列主義及革命路線傾斜。

　簡吉在《台灣民報》上發表文章強調：日本資本主義「對於台灣露骨地
進行著更強度的榨取」，爲了要完成榨取，「於是用盡一切欺瞞政策、陰謀政
策……等直接的行動」。爲了要從「一切壓迫解放出來」，……「我們須提高
我們的階級意識，而結成廣大的堅固的團結，而進攻呀！大家趕快起來鬥爭
而獲得我們的生存權。」〔註45〕不僅如此，台灣農民組合還發表了《台灣農
民組合的過去，現在與未來》的文章，呼籲：「爲了完成無產階級的歷史使命」，
必須以「馬克思主義的變革理論爲探照燈，引領我們前進」。〔註46〕

　1927年12月4～5日，台灣農民組合在臺中召開第一次全島代表大會，
日本農組委員長山上武雄、勞農黨骨幹古屋貞雄出席並指導了這次大會。大
會決議「支持無產階級政治鬥爭的日本勞動農民黨」和「促進工農聯合」，確

〔註44〕《台灣議會請願審議未了》，《台灣民報》，第151號，昭和2年4月3日。
〔註45〕《大同團結而奮鬥》，《台灣民報》，第166號，昭和2年7月22日，第15頁。
〔註46〕《台灣農民組合的過去、現在、未來》，《台灣民報》，第189～190號，昭和3
　　　年1月2日、昭和3年1月8日。

立了以「依照馬克思主義指導支持無產階級之方法，宜待之於解決農民問題之方針」。〔註 47〕從 1927 年起，台灣農民組合在日本農民組合和勞農黨指導下，隊伍日益發展壯大，1927 年底，參加會員達 24100 多人，成立的支部有 23 個，成爲全島農民的堅強戰鬥堡壘。1927～1928 年間，在日本勞農黨指導下，台灣農組領導農民反對日本殖民掠奪和地主剝削的鬥爭有了進一步的發展，不僅農民抗爭達 420 多件〔註 48〕（南投郡山本農場爭議、第一、二次中壢事件、辜顯榮所有地爭議、台灣拓殖製茶公司土地爭議、大湖莊所有地抗爭……），而且抗爭的手段也趨於多元化及激烈化，台灣農民逐漸排除使用陳情請願的方式，而採取直接與地主交涉、談判、不繳租金、隱匿已收刈的稻作、竊取被扣押的物品、設定假債權……等鬥爭手段。〔註 49〕

　　日據時期的台灣農民運動，其針對的目標，既有日本資本家及殖民主義當局，不可避免的也有土著地主資產階級，譬如針對林本源、陳中和等大地主和糖業資本，還有遍佈各地的租佃爭議等等；但由於日本殖民者在台灣農業經濟領域居主導地位，以及蔗農與日本糖業資本間矛盾鬥爭的突出和尖銳，台灣農民運動的主要對象是日本資本和日本殖民當局，從而賦予了鬥爭以濃厚的民族鬥爭色彩，它與日據時期台灣民族資產階級領導的民族運動相呼應，共同匯成台灣人民反抗日本殖民主義、爭取民族解放的歷史洪流。

## 二、工人運動

　　1895 年日本侵略者侵佔台灣後，隨著日本資本的湧入，台灣製造業、運輸業、礦業，特別是食品加工業中台灣產業工人隊伍開始發展起來。第一次世界大戰後，台灣民族資本家在工業領域投資越來越多，其下的工人隊伍也隨之發展壯大。據統計，1930 年台灣工人總數爲 577752 人，其中製造業工人爲 87351 人，占總人數的 15.1%；運輸業工人爲 48862 人，占總人數的 8.4%；礦業工人爲 19562 人，占總人數的 3.3%；短期雇工爲 421976 人，占總人數的 73.3%。以民族分類看，台灣漢人占 93%，日本人占 3%，其餘爲大陸勞工、

〔註 47〕台灣總督府警務局：《台灣社會運動史——農民運動》，臺北：創造出版社 1989年版，第 84 頁。

〔註 48〕台灣總督府警務局：《台灣社會運動史——農民運動》，臺北：創造出版社 1989年版，第 86 頁。

〔註 49〕台灣總督府警務局：《台灣社會運動史——農民運動》，臺北：創造出版社 1989年版，第 95 頁。

台灣原住民和朝鮮人。〔註50〕

　　台灣無產階級在日本資產階級、台灣資產階級的雙重壓迫下，處境十分困難。大多數台灣企業爲雇工不滿 15 人的小型工廠，其數量占台灣工廠總數的 77%，並且半數以上的工廠是使用人力。在日資企業裏，台灣工人經常遭到日本資本家和工頭的斥罵和虐待，山川均就曾揭露：「尤其企業家是日本人的場合（許多新設的製造業，就是這樣），企業家常懷征服者對被征服者的心理和態度，以對待勞工：是在進行一種不可形容的虐待。彼輩心思這種無節制的，無限制的榨取，是優等民族對於劣等民族應有的權利；並且相信這才是佔領殖民地的一部或全部的意義。」〔註51〕台灣本地工人不僅在惡劣的工作環境下工作，而且還深受日本統治者的壓迫和歧視，即使幹同種工作，平均工資只有日本工人的一半左右。據 1927 年的調查統計，木匠日人日工資 3.5 元，台灣人日工資爲 1.8 元；石匠日人日工資 4 元，台灣人日工資爲 2 元；鐵工日人日工資 2.5 元，台灣人日工資爲 1.6 元；苦力日人日工資 2 元，台灣人日工資僅爲 0.8 元。〔註52〕

　　在第一次世界大戰期間，台灣工人由於受到大戰末期的物價飛漲、日本本土及中國大陸勞工爭議蓬勃發展的影響，初步、自發性的勞工爭議數目顯著增加，1920 年台灣勞工爭議已有 51 件。〔註53〕爲了維護自身的利益，1919年臺北印刷工人結成了具有近代工會性質的臺北印刷從業員組合，這爲台灣近代組織工會的開端。20 世紀 20 年代後，在臺大陸勞工於 1923 年成立臺北華僑洋服工友會等多個工會組織，帶動了台灣近代工人運動的興起。據統計，1921～1931 年間，全島共發生勞資糾紛 513 件，罷工 293 次，暴動示威10 次，捲入人數達 36280 人。台灣的工人運動，鬥爭的目標主要指向日本資本家，在所有的勞動爭議裏，針對日本資本家的約占 60% 以上。〔註54〕1927

---

〔註50〕台灣總督府警務局：《台灣社會運動史——勞動運動・右翼運動》，創造出版社 1989 年版，第 12 頁。

〔註51〕山川均著、蕉農譯：《日本帝國主義鐵蹄下的台灣》，《新東方》1930 年第 4期，第 93 頁。

〔註52〕《翁澤生關於台灣工會運動的報告》，俄羅斯國立社會政治史檔案館，檔案號：全宗 495／目錄 128／案卷 10，第 130 頁。

〔註53〕台灣總督府警務局：《台灣社會運動史——勞動運動・右翼運動》，創造出版社，1989，第 34 頁。

〔註54〕〔日〕向山寬夫：《日本統治下的台灣民族運動史》，中央經濟研究所，1987，第 835 頁。

年後，台灣文化協會和台灣民眾黨也積極介入工人運動，並將台灣工人運動
逐漸推向高潮。

　　文化協會原先將主要的精力放在農民運動上，文化協會分裂後，新文協
的連溫卿、王敏川等在 1927 年 4 月組建了台灣機械工友協會，會員有 300
餘人。爲抗議資本家無端開除工人，高雄鐵工所的罷工就是新文協指導下最
具規模的工人運動，當時有臺北、臺南、高雄各地 21 家工廠工人同時舉行
同情罷工，並且還得到了農民組合的支持。文協指導下的工人運動較有影響
的還有日華紡織會社臺北辦事處罷工、嘉義營林所和阿里山出張所罷工等，
僅 1928 年就有 23 起。但是，文化協會內部在有關工人運動綱領、工會組織
及名稱等諸問題上意見不一，無法形成強有力的領導力量，加上文協組織不
久因新竹事件、臺南墓地事件遭到嚴重破壞，台灣工人運動的主導權逐漸轉
移到了民眾黨的手中。

　　相對文化協會而言，民眾黨的工人政策更加積極，其領導人蔣渭水對工
人運動十分重視，民眾黨提出要實施以農工階級爲基礎的民族運動，認爲「殖
民地的勞動階級是民族解放運動的急先鋒——前衛隊」〔註 55〕。因此，民眾
黨領導下的工人運動更具組織性和鬥爭能力，規模和影響也要大得多。其影
響下的工人組織在 1927 年就有 21 個，3000 餘工人。又譬如 1927 年的高雄淺
野水泥會社罷工，蔣渭水即組織了總指揮部，號召民眾出錢出力幫助被解雇
的機械工人弟兄；1928 年的台灣製鹽會社罷工，提出了要求增加工資、改善
勞動條件等主張，與日資會社及殖民當局抗爭。民眾黨還於 1928 年成立了台
灣工友總聯盟，其領導的台灣工人運動，主要即以此爲核心進行的。蔣渭水
強調：「民眾黨今日能被社會肯定、被官憲重視的原因，在於民眾黨背後有工
友總聯盟三十三團體及一萬數千名勞動者。黨不能輕視勞動運動，且對勞動
運動之指導已明示在黨的政策中。」〔註 56〕隨著工人運動的蓬勃發展及社會
主義思潮對工人運動的影響，台灣的工人運動逐漸強調在開展民族運動的過
程中也應進行階級鬥爭，以謀求無產階級的徹底解放，如工友總聯盟規約第
四條修正案。強烈的無產階級革命色彩使得日本殖民者十分驚恐，他們採取
了強力鎮壓政策，工人運動的主要領導力量民眾黨被取締，工友總聯盟的作
用隨即走向衰微。

---

〔註 55〕簡炯仁：《台灣民眾黨》，臺北：稻鄉出版社 1991 年版，第 158 頁。
〔註 56〕《台灣民報》昭和 3 年 1 月 8 日。

台灣工人階級隊伍的不斷壯大和工農運動的深入發展，迫切需要無產階級先進政黨和先進理論的指導；同時，在日本殖民者的高壓政策下，台灣民族運動發展進程中民族資產階級作為領導者其軟弱、妥協性也日益體現，如何將台灣民族運動進一步推向深入，也是擺在台灣無產階級面前的嚴峻課題。1920 年代以來，在社會主義思潮和民族運動洗禮下，台灣先進知識分子的思想覺悟獲得了迅速提高。伴隨著國際共產主義運動的開展，共產國際對殖民地無產階級政黨的建立予以積極的支持和援助。

## 第三節　台灣共產黨成立的經過

### 一、共產國際醞釀並指導台灣共產黨的成立

俄國十月革命和第一次世界大戰結束後，列寧及其領導的共產國際十分關注東方各國民族解放運動。為了摧毀帝國主義的殖民體系，組成國際反帝統一戰線，列寧站在世界無產階級革命的戰略高度，提出了民族和殖民地理論，把世界劃分為壓迫民族和被壓迫民族，把民族殖民地問題和推翻帝國主義的問題聯繫起來，並號召西方無產階級支持東方殖民地半殖民地的民族解放鬥爭。這一理論成為共產國際指導東方革命的理論基礎。

共產國際和蘇聯為了打破帝國主義的包圍，擺脫在世界的孤立地位，以及鞏固新生的蘇維埃政權，迫切需要在東方各國建立友好的國家關係和尋求聯合的力量。於是，共產國際根據列寧民族和殖民地理論和世界形勢的基本格局，決定把自己的活動範圍由歐洲國家進一步擴展到東方殖民地半殖民地國家，並於 1920 年共產國際二大至 1922 年共產國際四大期間，制定和完善了東方革命的戰略策略，即要求東西方革命運動相互支持，結成強大的反帝統一戰線。具體來說，提出了殖民地民族解放運動是世界無產階級革命的同盟軍；共產國際和無產階級政黨應當支持殖民地國家的民族解放運動；東方各殖民地半殖民地國家，既要與蘇聯及資本主義國家的無產階級結成緊密聯盟，又應當同本國的資產階級民主派結成聯盟，並須保持自己的獨立性等重要思想。共產國際就是運用這一東方戰略來指導被壓迫民族的革命運動的。

1920 年 7 月，在共產國際第二次大會上，大會通過了列寧起草的《關於民族與殖民地的綱領》，把被壓迫民族與殖民地的解放運動當為共產國際

一項重要任務。列寧說：「所有共產黨必須給予其國內革命解放運動實際的
援助；如果該國已成立共產黨的話，不管採取何種形式的援助，都必須要與
該國共產黨協商。殖民地母國的工人，有義務積極援助那些財政上無法自主
的落後殖民地的革命運動。」〔註57〕同時大會還責成「各國共產黨必須直
接幫助附屬國或不平等民族和殖民地的革命運動。」〔註58〕1922年1月，
東方民族大會特別強調必須重視在亞洲的被壓迫民族與殖民地的革命運
動。1922年7月，由布哈林起草日共成立大會上討論通過的《日本共產黨
綱領草案》之中，明文規定：「撤退駐在朝鮮、中國、台灣和庫頁島等地的
一切（日本）軍隊。」〔註59〕1922年11月在共產國際第四次大會上，大會
通過了一項《東方問題的綱領》。綱領規定：「殖民地母國的各國共產黨必須
擔負起殖民地無產階級革命運動，在組織上、精神上、物質上給予各種援助
的任務。」〔註60〕1926年3月共產國際進一步指示，「殖民地母國與殖民地
的工人運動必須結合起來，同時對於遭受民族的與階級的雙重壓迫的解放鬥
爭，必須給予充分的、無條件的支持。」〔註61〕1926年12月日共第三次代
表大會通過了《日本共產黨綱領》當中，明文規定：「以促進日本統治下的
殖民地獨立爲黨的任務」。〔註62〕正因爲共產國際要把民族問題與階級問題
結合起來討論，所以1927年7月，共產國際通過了由布哈林起草的《關於
日本問題的綱領》，該任務綱領共13項，其中一項是「推動殖民地的完全獨
立」，並且規定「日共應對日本殖民地的解放運動保持密切聯繫，在思想上、
組織上給予支持。」〔註63〕按照這一綱領，日本共產黨須責無旁貸地擔負
起支持和指導台灣和朝鮮人民的解放運動的使命。同年10月，共產國際指
示日共組織「台灣民族支部」。日共就是接受這個命令，擔負起了指導、支
持臺共的責任。於是，組建臺共的議題浮出水面。

〔註57〕《列寧全集》第31卷，北京：人民出版社1959年版，第127頁。

〔註58〕《列寧全集》第31卷，北京：人民出版社1959年版，第128頁。

〔註59〕日本共產黨史資料委員會編、林放譯：《共產國際關於日本問題方針、決議
集》，北京：世界知識出版社1960年版，第4頁。

〔註60〕〔日〕市川正一著、田舍譯：《日本共產黨鬥爭小史》，北京：世界知識社1954
年版，第41頁。

〔註61〕史明：《台灣人四百年史》，臺北：蓬萊島文化公司1980年版，第574頁。

〔註62〕史明：《台灣人四百年史》，臺北：蓬萊島文化公司1980年版，第575頁。

〔註63〕〔日〕日本共產黨史資料委員會編、林放譯：《共產國際關於日本問題方針、
決議集》，北京：世界知識出版社1960年版，第25頁。

## 二、台灣共產黨成立前夕的準備工作

　　為推動台灣反日革命運動的發展，中共中央專門從上海大學選出幾個臺籍中共黨員赴蘇聯莫斯科東方大學學習，有意識地培養台灣革命運動骨幹分子，為中共在台灣創立黨組織作準備。當時謝雪紅等人都被賦予這一神聖使命，她說：「1925 年 10 月間，黃中美同時向我、林木順和林仲梓三人宣佈：黨命令我們赴蘇聯莫斯科東方大學學習；他說黨派我們赴蘇學習是為了培養幹部，考慮將來幫助台灣的同志在臺建黨。」〔註64〕

　　1925 年 11 月 20 日，在中共的推薦下，林木順與謝雪紅由上海赴蘇聯莫斯科東方大學留學，為中共在臺建黨作準備。然而，共產國際就在此時也注意到殖民地台灣的革命問題，「為培養台灣革命運動的未來骨幹，決定把中國共產黨派赴東方大學學習的學員中的幾個臺籍青年，有意識的從中國班調到日本班參加學習。」〔註65〕共產國際為什麼這樣做？對此，當事人謝雪紅起初也迷惑不解，後來才知道：「第三國際考慮到我們以後的任務是要回台灣建黨，又因台灣是日本帝國主義統治下的殖民地，所以，決定把我們轉到日本班學習，對以後黨的籌備方便有利。」〔註66〕由於台灣當時是日本的殖民地，為開展台灣的革命工作，需要與日共取得密切聯繫。1927 年，日共代表在共產國際的領導下討論日本問題時，也提到日本工人階級有責任積極援助殖民地人民的民族解放問題。根據共產國際第五次大會的決議，世界共產主義運動的劃分，以「一國一黨」為原則，而台灣當時是日本的殖民地，所以共產國際決定由日共中央負責領導籌建臺共的工作。〔註67〕既然共產國際已對此作出了布置，那麼作為共產國際一個支部的中共，也只好服從這一安排。

　　1927 年 5 月，在莫斯科學習的林木順、謝雪紅被共產國際介紹給日共領袖德田球一、渡邊政之輔等人，與日共建立直接聯繫。〔註68〕隨後共產國際

〔註64〕謝雪紅口述、楊克煌筆錄：《我的半生記》，臺北：楊翠華出版 1997 年版，第 183 頁。

〔註65〕楊克煌：《台灣人民民族解放鬥爭小史》，武漢：湖北人民出版社 1956 年版，第 129～130 頁。

〔註66〕謝雪紅口述、楊克煌筆錄：《我的半生記》，臺北：楊翠華出版 1997 年版，第 200 頁。

〔註67〕楊克煌：《台灣人民民族解放鬥爭小史》，武漢：湖北人民出版社 1956 年版，第 130 頁。

〔註68〕古瑞云：《臺中的風雷：跟謝雪紅在一起的日子裏》，臺北：人間出版社 1990

把臺共建黨的任務交給了當時正在莫斯科學習的臺籍中共黨員林木順和謝雪紅。1927 年 10 月，謝雪紅、林木順在莫斯科被日共領袖、共產國際執委片山潛召見，片山潛正式代表共產國際向他倆傳達了籌建臺共的決定，該決定如下：「共產國際決定命令謝飛英（即謝雪紅）、林木順回國組織『台灣共產黨』，由謝飛英負責，林木順協助。『臺共』組織工作由日共中央負責指導和協助，這個任務已委託給來莫斯科開會的日共中央代表團了，台灣是日本帝國主義殖民地，日本本國的無產階級應幫助殖民地台灣的革命運動。由於現在許多情況還搞不清楚，臺共組織成立後暫時作為『日本共產黨台灣民族支部』，通過日共中央間接接受共產國際的領導，待將來才直接接受共產國際的領導。臺共建黨的基層人員，可要求日共黨和中共黨的組織介紹各該黨的台灣籍黨員來做骨幹。黨成立後，謝飛英和林木順兩人要去日本東京，在日共中央的領導下進行工作。」〔註69〕

　　為了完成這一歷史使命，1927 年 11 月，林木順與謝雪紅回到上海之後，開始與國內各地以及台灣地區、日本的革命同志（其中包括一部分中共黨員和日共黨員）聯繫，準備建黨。中共中央為了配合完成共產國際所部署的這項重大任務，也指示在上海的臺籍中共黨員翁澤生協助林木順、謝雪紅籌建臺共。他們一起商議組建「臺共」的問題，一致認為，為了加強對台灣革命運動的領導和擴大台灣的革命力量，需要聯絡在大陸、台灣地區和日本的臺籍共產黨員，共同創建臺共。經商議，由林木順、謝雪紅去日本和日共中央聯繫；由翁澤生和中共中央聯繫，負責聯絡在大陸和台灣地區的共產黨員，並組織成立「台灣青年讀書會」，為臺共的成立輸送人才。

　　1927 年 11 月中旬和 12 月上旬，林木順和謝雪紅應日共中央召集先後前往東京，接受日共中央的指導，向渡邊等人提出有關台灣的報告。1928 年 1 月，渡邊政之輔以林木順、謝雪紅提供的資料為基礎，撰寫了經日共中央通過的臺共「政治大綱」與「組織大綱」。與此同時，林木順、謝雪紅經日共中央委員井之口正雄介紹而與臺籍日共黨員蘇新取得聯繫，向他瞭解臺籍留日學生的情況，並商量成立「馬克思主義小組」，準備為臺共的成立輸送人才。隨後，林木順與社會科學研究部的部分成員蘇新、陳來旺（成城學院）、林添

　　　　年版，第 135 頁。
〔註69〕謝雪紅口述、楊克煌筆錄：《我的半生記》，臺北：楊翠華出版 1997 年版，第223 頁。

進（日本大學）、何火炎（早稻田大學）組成馬克思主義小組，籌備臺共建黨工作。〔註70〕1928 年 1 月底，林木順、謝雪紅在日本的各項工作完成後，馬克思主義小組派其代表陳來旺與林木順、謝雪紅一起返回上海參與臺共的建黨工作。

為了盡快培養成立臺共所需的幹部人才，翁澤生擔當起組建「台灣青年讀書會」的重任。1927 年 11 月底，翁澤生與上海台灣學生聯合會左派青年江水得、林松水、張茂良、劉守鴻、楊金泉等人成立「台灣青年讀書會」，在翁澤生的主持下，一邊在讀書會注意培養人才，一邊發行讀書會機關報《屋內刊》，向在上海的臺籍革命青年宣傳共產主義。即使這樣，翁澤生也深感人才缺乏，因此要求當時在台灣的林日高、洪朝宗、蔡孝乾和在廈門的潘欽信、在廣州的王萬得，前來上海參加臺共的建黨工作。蔡孝乾和洪朝宗因在台灣正籌備《大眾時報》的出版而無法離開台灣，〔註71〕最後，王萬得、林日高、潘欽信於 1928 年 2 月上旬抵達上海。〔註72〕

1928 年 2 月初，林木順和謝雪紅自東京返回上海後，經翁澤生的介紹認識了一批曾加入中共或共青團的臺籍青年——當時在台灣的有：林日高、洪朝宗、莊春火、蔡孝乾、李曉芳、莊泗川等人；在廈門的有潘欽信等人；在廣州的有王萬得等人。〔註73〕他們立即從兩方面開始進行臺共的籌建工作：一方面開始物色參加建黨大會的對象；另一方面討論由日本帶回的政治大綱和組織大綱，並制定有關工運、農運、婦運以及赤色救援會等具體的方針政策。1928 年 2 月，謝雪紅等人在翁澤生住所召集了一次會議，決定成立了「臺共」籌備會，成員有林木順、謝雪紅、翁澤生、王萬得、謝玉葉（翁澤生之妻）、潘欽信、陳來旺。會議決定林木順為召集人，和中共中央保持聯絡的由謝雪紅擔任，庶務性的工作由潘欽信、陳來旺負責，林木順、翁澤生等人負責對帶回來的政治大綱和組織大綱進行修訂。大會還決定每天下午開會一次，學習和討論文件，起草工人運動、農民運動提綱（分別由林木順、王萬

〔註70〕蘇新：《未歸的臺共鬥魂》，臺北：時報文化出版企業有限公司 1993 年版，第 141 頁。

〔註71〕台灣「國防部軍事情報局」：《蔡孝乾訊問筆錄》，《蔡孝乾檔》，檔案號：0036/ 0410.9/44904440/2/001/0011，台灣省發展委員會檔案管理局藏。

〔註72〕「台灣總督府警務局」：《台灣社會運動史——共產主義運動》，《台灣共產黨組黨經緯》，臺北：創造出版社 1989 年版，第 9 頁。

〔註73〕謝雪紅口述、楊克煌筆錄：《我的半生記》，臺北：楊翠華出版 1997 年版，第 230 頁。

得負責），青年運動提綱（由翁澤生負責）、婦女運動提綱（由謝玉葉負責），赤色救援會提綱（由謝雪紅負責）。〔註74〕到 4 月上旬，繁忙的籌備工作各項任務已基本完成。

在林木順、謝雪紅、翁澤生等人籌備臺共期間，雖然日共中央高度重視臺共的建黨工作，並派日共領導鍋山貞親前往上海準備指導臺共的成立大會。然而，由於此時日共正全力準備 1928 年國內的大選，而沒有時間和精力指導臺共成立大會，所以日共委託中共援助及指導臺共成立的一切事宜。當事人謝雪紅說：「在我們回上海的第三天，鍋山貞親也來到上海，他是代表日共中央準備來領導臺共的成立大會。又過了三、四天，國領同志也從日本來上海。他的任務是要立即赴蘇聯，順道來向鍋山傳達日共中央的決定，要鍋山把臺共成立大會的領導任務委託給中共中央，然後即時回日本去，因爲，日共正要全部投入日本第一次普選的政治鬥爭。當時，鍋山瞭解臺共黨的具體綱領需要做很多修正，建黨的籌備也還需相當長的時間，因此，他把這些情形告訴中共中央，並把成立大會的任務委託給中共中央後，於 1928年 2 月 15 日左右回國了。」〔註75〕爲此，日共中央還指示林木順、謝雪紅：「台灣共產黨暫時以『日本共產黨台灣民族支部』之名義組黨；日本共產黨目前因爲選舉鬥爭而忙碌，有關組黨事宜應請求中國共產黨的援助及指導」。〔註76〕據此，共產國際東方局派出中共代表彭榮與朝鮮共產黨代表呂運亨，共同協助臺共的建黨工作。〔註77〕

1928 年 4 月 13 日，在中共中央代表彭榮的提議下召開了「台灣共產主義者積極份子大會」，把它作爲臺共建黨的預備會，出席者林木順、謝雪紅、翁澤生、謝玉葉、陳來旺、林日高、潘欽信，上海讀書會的積極份子張茂良、劉守鴻、楊金泉等十一人。會議決定在 4 月 15 日召開「建黨大會」，同時審議修正並通過了從東京帶回來，由日共領袖渡邊政之輔所擬定的政治大綱與組織大綱（原爲日文由翁澤生翻譯爲漢文）以及有關工人運動、農民運動、青年運動、婦人運動、紅色救援會等問題的計劃與工作方針。

〔註74〕王萬得：《王萬得回憶錄》，北京：臺盟中央資料室 1987 年版，第 4 頁。

〔註75〕謝雪紅口述、楊克煌筆錄：《我的半生記》，臺北：楊翠華出版 1997 年版，第 243 頁。

〔註76〕「台灣總督府警務局」：《台灣社會運動史——共產主義運動》，《台灣共產黨組黨經緯》，臺北：創造出版社 1989 年版，第 9 頁。

〔註77〕謝雪紅口述、楊克煌筆錄：《我的半生記》，臺北：楊翠華出版 1997 年版，第 224 頁。

## 三、台灣共產黨成立大會

1928 年 4 月 15 日，根據「積極份子大會」的決議，在中共中央代表彭榮所定的上海法租界內，羅勃神父街與霞飛路交叉口的金神甫照相館二樓召開了「臺共成立大會」，出席會議成員：中共中央代表彭榮、朝鮮共產黨代表呂運亨和臺籍黨員代表林木順、謝雪紅、翁澤生、林日高、潘欽信、陳來旺、張茂良共九人。〔註 78〕

大會由謝雪紅主持，中共中央代表彭榮在大會上作指導性發言。彭榮在會上介紹了中國大革命概況及其失敗的經驗教訓，提醒臺共應該警惕對資產階級的妥協，避免中共曾經犯下的「右傾機會主義」錯誤。他說：「因中國資產階級還存有反帝國主義力量，所以共產黨當在其勢力微弱時與其合作是正確的。然而，共產黨因為不瞭解革命形勢一旦開始發展資產階級就會投降反動陣營的必然性，再一個就是把武漢的國民黨誤認為是小資產階級的政黨，以致犯了與其妥協並任其鎮壓工人罷工及農民運動的重大錯誤。」〔註 79〕他指出臺共是在遠離台灣的環境下成立的，在台灣革命運動中還沒有基礎，還沒有在工農大眾中紮根，因此，臺共成立後黨員要盡可能回臺開展工作。〔註 80〕他還說，臺共黨員目前缺乏工農階級，以後要極力吸收工農群眾入黨。〔註 81〕

依據大會議程，首先由林木順致開會辭，鄭重宣佈臺共的成立。他說：「今天在上海白色恐怖籠罩之下，將在台灣革命史上擔負起重大使命的台灣共產黨即告成立。我們對於台灣革命具有最高意義且最令人歡欣的共產黨的成立，應以滿腔熱誠來祝福它，並以渾身的力量來使它能如鐵一般的堅強起來，勇敢的、猛烈的向一切敵人宣戰。」〔註 82〕他還就日共因參加普選，後來又遭到「三・一五」大檢舉，無法前來出席大會作了說明。

〔註 78〕 「台灣總督府警務局」：《台灣社會運動史——共產主義運動》，《台灣共產黨組黨大會》，臺北：創造出版社 1989 年版，第 10 頁。

〔註 79〕 「台灣總督府警務局」：《台灣社會運動史——共產主義運動》，《台灣共產黨組黨大會》，臺北：創造出版社 1989 年版，第 12 頁。

〔註 80〕 中共黨史人物研究會編：《中共黨史人物傳》第 27 卷，西安：陝西人民出版社 1986 年版，第 151 頁。

〔註 81〕 謝雪紅口述、楊克煌筆錄：《我的半生記》，臺北：楊翠華出版 1997 年版，第 252 頁。

〔註 82〕 「台灣總督府警務局」：《台灣社會運動史——共產主義運動》，《台灣共產黨組黨大會》，臺北：創造出版社 1989 年版，第 11 頁。

　　大會的第一項議程是審議並通過政治綱領等各種文件和選舉臺共第一屆中央委員會。

　　在林木順報告成立大會的準備經過，陳來旺報告有關會計事務之後，大會對政治綱領、組織綱領及其他議案進行審議。在審議當中，關於外圍組織的大眾黨問題有一些意見被提出（是利用既成的民眾黨或文化協會爲大眾黨，還是以農民組合爲基礎而重新組織大眾黨，結果是決定以文化協會與農民組合爲基礎，將來再把文化協會改組爲外圍的大眾黨），其他，除了有少許的修改及彭榮提議把工人運動提綱再行研討之外，大體都是以原案議決通過。

　　隨後，大會選舉產生臺共第一屆中央委員會。林木順、洪朝宗、莊春火、蔡孝乾、林日高當選爲中央委員（洪、莊、蔡三人因無法離臺赴會，缺席獲選）。謝雪紅、翁澤生當選爲候補中央委員，林木順、林日高、蔡孝乾爲中央常委。〔註83〕

　　會議在 15 日開了一整天，這天通過的政治綱領對當時在日本帝國主義統治下的台灣的政治、經濟情況作了分析，並指出當前台灣人民革命的性質是台灣無產階級領導的、反對帝國主義和封建主義的資產階級革命，這個革命是推翻日本帝國主義在台灣的統治的民族革命和實行土地改革、消滅封建剝削制度的民主革命；革命的對象是日本帝國主義和封建地主階級。〔註84〕

　　大會的第二項議程是臺共中央委員進行分工和審議通過了《台灣共產黨成立宣言書》。

　　4 月 18 日，臺共召開建黨後的第一次中央委員會，會議選舉委員長，委員進行分工負責。其結果如下：

中央委員

　　林木順：中央常任委員，中央常任委員會書記長，負責組織部

　　林日高：中央常任委員，負責婦女部

　　蔡孝乾：中央常任委員，負責宣傳部

　　莊春火：負責青年運動部

　　洪朝宗：負責農民運動部

---

〔註83〕「台灣總督府警務局」：《台灣社會運動史——共產主義運動》，《台灣共產黨組黨大會》，臺北：創造出版社 1989 年版，第 13 頁。

〔註84〕楊克煌：《台灣人民民族解放鬥爭小史》，武漢：湖北人民出版社 1956 年版，第 130 頁。

候補中央委員

　　翁澤生：駐上海，中共聯絡員

　　謝雪紅：駐東京，日共聯絡員

　　東京特別支部負責人：陳來旺

　　預定潛入島內四名工作者：林木順、林日高、潘欽信、謝玉葉。〔註85〕

　　4月20日，臺共中央委員會再次集會，討論臺共建黨宣言並起草感謝中共協助的信函。

　　會議經過認真審議，通過了《台灣共產黨成立宣言書》，該宣言指出：「台灣共產黨是以馬克思列寧主義為武裝而行動的革命政黨，……她是真正為工人階級的利益，為工人階級的最後解放對日本帝國主義及一切壓迫階級做殊死戰者。」〔註86〕宣言提出了臺共長遠奮鬥目標是「推翻資本主義社會，建立無產階級專政，建設共產主義社會。」〔註87〕臺共當前的主要任務是「推翻日本帝國主義，完成民族革命，為最大多數的工農、小市民、貧農群眾建設革命政府。」〔註88〕宣言還號召：「工人、農民及所有被壓迫的民眾團結起來，在台灣共產黨的領導下，打倒日本帝國主義，打倒封建殘餘勢力，實現民族民主革命的成功。」〔註89〕

　　在致中共的信函中，強調台灣人民對中共的支持及指導臺共建黨活動表示感謝，並希望將來能繼續獲得這種支持。信中說：「中央鑒：台灣共產黨在四月十五日宣佈成立。於成立大會時，承蒙中央代表列席參加，得以聆聽中央代表所做有關中國革命的過去與現階段情勢之報告，尤其中央代表將中國革命的經驗與殖民地革命應特別注意的要點，十分詳細地指示我們，使大會的全體同志對中國革命能更加深刻地認識，進而對將來的台灣革命獲致極大的教訓。大會的全體同志謹致誠摯的謝忱並表示接受。」〔註90〕

　　至此，臺共成立大會就順利閉幕了，於是「日共台灣民族支部」（臺共）

---

〔註85〕「台灣總督府警務局」：《台灣社會運動史——共產主義運動》，《台灣共產黨的組織、綱領及諸政策》，臺北：創造出版社1989年版，第92頁。

〔註86〕「台灣總督府警務局」：《台灣社會運動史——共產主義運動》，《台灣共產黨組黨宣言書》，臺北：創造出版社1989年版，第95頁。

〔註87〕同上，第95頁。

〔註88〕同上，第96頁。

〔註89〕同上，第97頁。

〔註90〕「台灣總督府警務局」：《台灣社會運動史——共產主義運動》，《致中國共產黨中央的信》，臺北：創造出版社1989年版，第98頁。

正式誕生了。

　　自 1895 年以來，台灣人民爲反抗殖民壓迫、爭取民族的解放與日本帝國主義進行了不屈不撓的鬥爭，但都壯志未酬。台灣人民的革命鬥爭在經過長期的艱難曲折探索之後，1928 年 4 月，台灣人民終於有了以馬克思主義先進理論武裝起來的工人階級政黨——臺共。臺共的誕生，是近代以來台灣社會進步和革命發展的必然結果，是台灣社會政治、經濟等各種因素相互作用、發展的必然結果，是近代台灣歷史選擇的必然結果。臺共的成立，不但使災難深重的台灣人民有了可以信賴的組織者和領導者，而且給台灣的民族解放運動帶來了光明和希望。同時，它使殖民地半殖民地的民族解放運動與世界無產階級社會主義革命更緊密地結合起來，壯大了世界無產階級社會主義革命隊伍。從此，臺共爲實現台灣人民的解放，以反帝反封建爲綱領，開始了不屈不撓、艱苦卓絕的鬥爭歷程，台灣革命由此便進入了嶄新的發展階段。

## 第四節　指導臺共建黨大會的中共中央代表「彭榮」身份再辨

　　1928 年 4 月 15 日，日本共產黨台灣民族支部（即台灣共產黨）成立大會在上海舉行，中共中央代表彭榮受日共中央委託代爲指導這次大會。〔註 91〕關於彭榮的眞實身份，目前學界有三種不同的說法：「彭榮是彭湃」說，「彭榮是瞿秋白」說，「彭榮是任弼時」說，由於基礎史料的欠缺、模糊，迄今還難以定論。本文現根據新挖掘的檔案史料「彭榮在臺共建黨大會的報告」，並結合臺共當事人謝雪紅的回憶，就此作一考辨，疏誤之處，祈予指正。

### 一、對「彭榮是誰」三種不同觀點的評析

　　關於彭榮是誰？學界有三種不同的觀點，現將這三種觀點評析如下：

　　第一種觀點認爲「彭榮就是彭湃」。張春英、蔣宗偉在《「彭榮」是誰仍待探究》（《黨的文獻》2010 年第 4 期）論文及宋幫強在《日據時期台灣共產黨研究》（中國社會科學出版社 2012 年，第 65 頁）著作中，均持該觀點。他們論證的史料依據是：臺共當事人謝雪紅指認彭榮就是彭湃。她說：「解

---

〔註91〕台灣總督府警務局：《台灣社會運動史——共產主義運動》，臺北：創造出版社 1989 年版，第 10 頁。

放後，我即聽到說彭榮同志就是彭湃同志；那是 1955 年國慶節我到天安門紅臺觀禮時，碰到李立三，他告訴我彭榮就是彭湃。當時，李在上海，他知道彭湃曾被中央派遣去領導台灣共產黨的成立大會。1956 年，我去廣州視察時，到毛主席的農民運動講習所參觀，在那裡，我看到彭湃同志的照片，我認出來他就是當年的彭榮同志。」〔註 92〕因為她是臺共建黨大會的當事人，所以她的說法具有很高的可信度和權威性。雖然謝雪紅指認彭榮就是彭湃，但是這一說法只是一個孤證，並無其他一手史料佐證。因此，「彭榮是彭湃」這一說法卻不能成定論，還有待學界繼續研討。

第二種觀點認為「彭榮是瞿秋白」。何池教授在《「彭榮」究竟是誰》(《黨史文苑》2004 年第 6 期) 和易難教授在《瞿秋白指導建立台灣共產黨考辨》(《黨的文獻》2009 年第 4 期) 文章中，均持該種觀點。他們的理由主要如下：第一，瞿秋白既是中共中央領導人，又是共產國際中國代表團團長，因此，他以雙重身份出席並指導臺共建黨大會，最為適宜；第二，當時瞿秋白在上海，正好有時間出席臺共建黨大會；第三，大部分臺共創立者曾是瞿秋白在上海大學的學生，因此，他出席和指導臺共建黨大會順理成章。由於上述學者在論證時不是從一手史料出發，而是憑主觀推測，因此，他們得出的結論很難令人信服。實際上，瞿秋白與彭榮並非是同一個人。臺共建黨骨幹謝雪紅不僅認識瞿秋白，而且還多次與彭榮見面。1925 年 8 月～10 月，她在上海大學社會學系求學期間，瞿秋白就是其社會學系的老師，因此，謝雪紅是認識瞿秋白的。她說：「這時候，我住在閘北商務印書館斜對面，樓上前部分是工會幹部住處，我住在屋後的『亭仔間』。由『亭仔間』後窗往外看，可以看到瞿秋白和楊子華的家，當時，他們的打扮像富戶人，不許我們同他們講話。瞿秋白住家後面是吳志清和她愛人的住家——聽說劉少奇、李維漢也都住在那裡。」〔註93〕另外，在臺共建黨大會及前後，謝雪紅與彭榮曾有三次重要會面。第一次見面是 1928 年 4 月 13 日臺共建黨籌備會，日本警方根據被捕的臺共黨員審訊口供稱：「（這天）根據中國共產黨代表之提議，……以台灣共產主義者積極分子大會之名召開會議。出席者以中國共產

---

〔註92〕謝雪紅口述、楊克煌筆錄：《我的半生記》，臺北：楊翠華出版 1997 年版，第 253 頁。

〔註93〕謝雪紅口述、楊克煌筆錄：《我的半生記》，臺北：楊翠華出版 1997 年版，第 173 頁。

黨代表彭榮爲首，包括了林木順、謝氏阿女（即謝雪紅）、翁澤生、……等
11 名。」〔註94〕關於他們當時見面的細節，謝雪紅清楚地講到：「1928 年 4
月 13 日——臺共成立大會的兩天前——中共聯絡員帶我和林木順到預定做
爲成立大會會址的地方，去見一個中共黨的領導人。聯絡員介紹他時，說：
『這是彭榮同志，中共中央派來的……。』接著彭榮同志說：『中共中央受
日共中央的委託，派我來領導臺共共黨的成立大會』。……那天，我們談話
的時間比較長，也談得比較詳細。」〔註95〕第二次見面是臺共建黨大會，日
本檔案資料籠統地提到：「（這天）出席者有中國共產黨代表彭榮，朝鮮共產
主義者代表呂運亨，以及林木順、翁澤生、林日高、潘欽信、陳來旺、張茂
良、謝氏阿女（即謝雪紅）等 9 名。……中國共產黨代表彭榮則發表了訓示
性演講，由謝氏阿女翻譯。」〔註96〕謝雪紅則詳細地說：「大會開始首先由
彭榮同志講話，接著由我和林木順作籌備建黨經過情形的報告，……隨後就
進行（臺共中央委員）無記名投票選舉。……謝雪紅、翁澤生均得票少，……
開票中，我看到彭榮同誌感到意外和吃驚的表情；他還對我說，明天要和我
及林木順談話。」〔註97〕第三次見面是 1928 年 4 月 17 日謝雪紅和林木順當
面聽取彭榮的指示。謝雪紅說：「1928 年 4 月 17 日下午，我和林木順一起又
到大會會址去見彭榮同志，他給我們的指示是：『臺共黨員幾乎是知識分子，
眞正工農出身的分子很少，……今後應該在實際工作中注意大力吸收工農分
子入黨」。〔註98〕在臺共建黨時期，她與彭榮有過三次密切而重要地接觸，
因此，她對彭榮已留下很深刻的印象；加之她在上海大學求學時就已認識瞿
秋白，不會在認定「彭榮是誰」的問題上出錯。

　　第三種觀點認爲「彭榮就是任弼時」。這一觀點具體見梁化奎教授所撰
寫的論文：《指導台灣共產黨創建者詳考》（《中共黨史研究》2013 年第 6 期）、

〔註94〕台灣總督府警務局：《台灣社會運動史——共產主義運動》，臺北：創造出版
　　　　社 1989 年版，第 10 頁。
〔註95〕謝雪紅口述、楊克煌筆錄：《我的半生記》，臺北：楊翠華出版 1997 年版，第
　　　　249 頁。
〔註96〕台灣總督府警務局：《台灣社會運動史——共產主義運動》，臺北：創造出版
　　　　社 1989 年版，第 10～11 頁。
〔註97〕謝雪紅口述、楊克煌筆錄：《我的半生記》，臺北：楊翠華出版 1997 年版，第
　　　　251～252 頁。
〔註98〕謝雪紅口述、楊克煌筆錄：《我的半生記》，臺北：楊翠華出版 1997 年版，第
　　　　252 頁。

王鍵研究員所著的論文：《出席臺共成立大會的中共代表「彭榮」身份辨析》（《北京社會科學》2013 年第 4 期）和知名學者陳小沖、周雨琪合著的論文：《臺共成立大會之中共指導者彭榮其人補論》（《台灣研究集刊》2016 年第 5 期）。他們論證的主要依據是「共產國際的一份文檔（林木順致共產國際的報告）和蔡孝乾回憶錄」資料，進而提出「彭榮是任弼時的化名」的觀點。林木順在致共產國際的報告中提到「在成立大會席上除了台灣代表以外，還有中共中央派了任△△同志領導我們的大會」。〔註 99〕因為他用三角符號代替中共中央代表的名字，所以令人無法判斷彭榮的眞實身份。林木順還聲稱「臺共一大後發生了逮捕事件，他同任弼時、佐野學商討了自己的下一步行動」。〔註 100〕而臺共領導人蔡孝乾回憶說，1924 年任弼時「曾任上海大學俄文教授和共產國際東方部聯絡工作」，〔註 101〕這兩則史料雖然都提到了任弼時，但都沒有說明彭榮與任弼時的關係，「彭榮是誰」還需要更進一步的史料來說明，否則，其結論令人難以信服。實際上，彭榮不是任弼時，其根據如下：第一，林木順在臺共建黨大會的致辭中就明確地指出彭榮是工農運動的領導者，現將其講話摘錄如下：「大會承蒙中國共產黨派遣代表參加，並得以接受中國共產黨的援助與指導……中國共產黨代表將以其長期領導工農的奮鬥經驗教導我們。」〔註 102〕而這個時期任弼時是在共青團工作，並沒有領導工農運動革命鬥爭實際經驗。〔註 103〕1950 年 10 月 27 日任弼時病逝後，中共中央在《任弼時簡歷》中概述了他在這一時期在共青團工作經歷：「1924 年，任弼時同志回上海，參加中國共產主義青年團的工作，1925 年擔任青年團中央組織部長。同年，在青年團的第三次全國代表大會上被選為青年團中央委員。1926 年任青年團中央代理書記。1927 年青年團第四次大

〔註99〕俄檔／全宗 514／目錄 1／案卷 461，第 12 頁。引自〔俄〕郭傑、白安娜，李隨安、陳進盛譯：《台灣共產主義運動與共產國際（1924～1932）研究·檔案》，臺北：「中央研究院」台灣史研究所 2010 年版，第 69 頁。
〔註100〕俄檔／全宗 514／目錄 1／案卷 461，第 12 頁。引自〔俄〕郭傑、白安娜，李隨安、陳進盛譯：《台灣共產主義運動與共產國際（1924～1932）研究·檔案》，臺北：「中央研究院」台灣史研究所 2010 年版，第 69 頁。
〔註101〕蔡孝乾：《台灣人的長征記錄》，臺北：海峽學術出版社 2002 年版，第 50 頁。
〔註102〕台灣總督府警務局：《台灣社會運動史——共產主義運動》，臺北：創造出版社 1989 年版，第 11 頁。
〔註103〕中共中央文獻研究室編：《任弼時年譜》，北京：中央文獻出版社 2004 年版，第 24～85 頁。

會，任弼時同志繼續被選爲青年團中央委員，並任團中央書記；在同年中國
共產黨的第五次全國代表大會上，被選爲黨的中央委員。這時候，黨內發生
陳獨秀的機會主義，任弼時同志領導青年團與這個機會主義路線進行鬥爭，
積極擁護黨的革命路線。」〔註 104〕因爲當時林木順明確指出彭榮有長期領
導工農運動革命經驗，而任弼時只有長期領導共青團工作經驗，所以彭榮與
任弼時不是同一個人，也就是說彭榮不是任弼時。第二，臺共建黨當事人謝
雪紅已指認彭榮是彭湃（此史實已闡述，不再贅述），而不是任弼時。實際
上，謝雪紅是認識任弼時的，理由是：1950 年 10 月 27 日任弼時病逝後，謝
雪紅作爲「任弼時治喪委員會」重要成員參與操辦他的喪事。〔註 105〕如彭
榮是任弼時的話，那她就不會指認「彭榮是彭湃」。

## 二、彭榮在臺共建黨大會上的報告印證了謝雪紅的「彭榮即彭湃」 說法

　　目前學界研究臺共的檔案史料主要有三種：第一種是台灣總督府警務局
編的《台灣社會運動史──共產主義運動》（臺北：創造出版社 1989 年版）
檔案；第二種是由俄羅斯郭傑、白安娜合編的《台灣共產主義運動與共產國
際（1924〜1932）研究·檔案》（臺北：「中央研究院」台灣史研究所 2010
年版）中的檔案；第三種是由日本學者山邊健太郎彙編的《現代史資料 22：
〈台灣〉（二）》（東京：みすず書房 1971 年版）檔案。因爲前兩種檔案史料
都被翻譯成中文，所以這兩種史料已被學界廣泛引用。然而，第三種史料《現
代史資料 22：〈台灣〉（二）》未被翻譯成中文，而絕大多數臺共研究者日語
水平有限，因此，它很少被學界引用。可是恰恰就在《現代史資料 22：〈台
灣〉（二）》第 6 章（共產主義運動）第 2 節（台灣共產黨檢舉的概要）中完
整地收錄了中共中央代表彭榮在臺共建黨大會的報告，這份報告是來自日本
內務省警保局保安課搜繳的臺共建黨大會文件，該報告全文約 5000 字。這
份報告最大的特點能充分反映彭榮的身份，他的身份特徵主要有三點，現將
能反映其身份特徵的內容分門別類摘錄如下：

　　首先，中共中央代表彭榮說：「考慮到這次報告的時間限制，我會盡力詳
細說明以下幾點：中國革命的經過，現階段的情形及中國共產黨所採用的戰

---

〔註104〕中共中央：《任弼時簡歷》，光明日報 1950 年 10 月 28 日第 1 版。
〔註105〕《任弼時同志治喪委員會成立》，《人民日報》1950 年 10 月 29 日，第 1 版。

略、戰術。」〔註 106〕「但在此時（大革命後期），中國共產黨犯了極大的錯誤。這個錯誤並不是此時才發生的，從以前就開始有了，只是當時還沒到明顯表露出來的地步。然而，錯在哪裏呢？把武漢的國民黨當作是工農、小資產階級聯合體的政黨。當時武漢的國民黨中仍有多數具有資產階級意識的分子存在，這些人既對南京國民政府心存不滿而表現出反抗，又對武漢國民政府轄區下的工農運動的發展也很不滿意。當時中國共產黨對資產階級的讓步，對小資產階級的妥協，放棄對資產階級的進攻，還把它當作是工農、小資產階級聯合體，並任由其對罷工和農民運動進行壓制。」〔註 107〕根據彭榮上述所講的內容可知：他不僅是中共中央代表，而且還講述了當時只有中共領導層才知道的中共革命大政方針。由此可推知他是中共領導層成員之一，對此，臺共建黨大會見證人謝雪紅則明確地講他是中共中央領導人。〔註 108〕

其次，他繼續說：「南昌起義之後，湖南、江西的起義仍在進行，廣東的農民起義也如火如荼，佔領了海豐、陸豐之後在那裡建立了更爲堅固的蘇維埃政權。現在海陸豐的縣城被敵人奪回，但農村依然在農民的掌控之中，並向潮汕、海陸豐的北方發展。」「廣東起義仍在進行，海陸豐仍在農民的掌握中。」〔註 109〕由此可知，他對海陸豐革命運動正在發生的事情十分清楚，這說明他是海陸豐革命運動的親歷者。

最後，他還說：「要發展農民鬥爭，就必須依靠農民的自身力量沒收地主的土地。因此，就制定了農民起義的政策」，「江西、湖北的農民運動也正在不斷的進行著，而且佔領的幾個縣都建立了蘇維埃政權。江蘇北部的農民也舉行了起義，在江南也有著蘇維埃政權。山東省的農民開始反抗地主及苛捐雜稅。東三省通化的農民也起來對抗軍閥。河南也緊接著發起了起義，山西、陝西的農民也開始反抗軍閥。如今農民起義遍地開花，由此可見，共產黨的決策是非常正確的。」〔註 110〕在這裡，他不僅講述了農民運動革命方針，而

---

〔註 106〕〔日〕山邊健太郎：《現代史資料 22：〈台灣〉（二）》，東京：みすず書房 1971
　　　　年版，第 246 頁。

〔註 107〕〔日〕山邊健太郎：《現代史資料 22：〈台灣〉（二）》，東京：みすず書房 1971
　　　　年版，第 248 頁。

〔註 108〕謝雪紅口述、楊克煌筆錄：《我的半生記》，臺北：楊翠華出版 1997 年版，第
　　　　249 頁。

〔註 109〕〔日〕山邊健太郎：《現代史資料 22：〈台灣〉（二）》，東京：みすず書房 1971
　　　　年版，第 249 頁。

〔註 110〕〔日〕山邊健太郎：《現代史資料 22：〈台灣〉（二）》，東京：みすず書房 1971

且還介紹了全國各地農民運動概況。由於臺共建黨骨幹林木順邀請彭榮在大
會上將他領導工農運動革命經驗傳授給臺共黨員，而他在大會報告中主要講
述了農民運動革命經驗，這至少可說明他是農民運動的領導者。

　　眾所周知，當時彭湃既是中共中央政治局委員，又是海陸豐革命運動的
領導人和著名的農民運動領袖。在當時中共領導層中，能同時符合上述三點
身份特徵的人只有彭湃一人。彭榮在臺共建黨大會上的報告佐證了謝雪紅的
「彭榮是彭湃」這一說法。不僅如此，謝雪紅還專門強調：「彭湃同志在 1926
～1927 年間是領導海陸豐鬥爭的領袖，著有《海陸豐蘇維埃》，此書於 1928
年 4 月在上海出版鉛印本，和台灣共產黨同時誕生」，〔註111〕這一史實與彭榮
在臺共建黨大會上所作的報告高度一致，進一步印證了「彭榮是彭湃」這一
觀點。

## 三、「彭榮是彭湃」更符合史實

　　「彭榮是彭湃」這一觀點是否更合乎史實與邏輯的一致呢？那我們尤有
必要闡述彭湃這一時期的革命經歷。

　　彭湃（1896～1929），廣東省汕尾市海豐縣人。〔註112〕為了探求救國救民
的真理，1917 年他前往日本東京留學，先在東京的成城學校預科學習日語和
補習課程，〔註113〕經過一番努力後，1918 年 9 月，他考進日本著名高等學府
——早稻田大學。〔註114〕在日本留學期間，他開始接觸和接受社會主義。他
不僅參加本校學生發起組織的「建設者同盟」，研究社會主義各種學說，而且
還同日本知名的社會主義運動者高津正道、堺利彥、近藤榮藏等人密切往
來。〔註115〕俄國十月革命取得勝利後，他仔細研讀《共產黨宣言》等馬列
主義經典著作，並認識到只有社會主義才能救中國。〔註116〕1921 年 5 月，
他回國後在廣州馬上加入中國社會主義青年團，〔註117〕1924 年 4 月由團員

年版，第 249 頁。
〔註111〕謝雪紅口述、楊克煌筆錄：《我的半生記》，臺北：楊翠華整理出版 1997 年版，第 253 頁。
〔註112〕郭德宏編著：《彭湃年譜》，北京：中共中央黨校出版社 2007 年版，第 1 頁。
〔註113〕郭德宏編著：《彭湃年譜》，北京：中共中央黨校出版社 2007 年版，第 22 頁。
〔註114〕郭德宏編著：《彭湃年譜》，北京：中共中央出版社 2007 年版，第 27 頁。
〔註115〕郭德宏編著：《彭湃年譜》，北京：中共中央黨校出版社 2007 年版，第 38 頁。
〔註116〕郭德宏編著：《彭湃年譜》，北京：中共中央黨校出版社 2007 年版，第 39 頁。
〔註117〕郭德宏編著：《彭湃年譜》，北京：中共中央黨校出版社 2007 年版，第 45 頁。

轉爲中共黨員。〔註118〕1921 年 6 月後,他相繼發起組織了「社會主義研究社」和「勞動者同情會」,傳播社會主義思想。〔註119〕他在《告同胞》一文中明確提出要進行社會革命,就必須消滅原有的私有財產制度,爲實現社會主義而奮鬥。〔註120〕

他既是著名的農民運動領袖,又從事一些工人運動。1922 年初,他就認識到占人口絕大多數的農民在中國革命中的重要性。同年 6 月,他開始深入到海豐的鄉村,發動、團結全縣各地農民,成立農會組織,〔註121〕領導農民鬧革命,並同當地的封建地主階級、封建剝削制度進行了一連串的鬥爭。由於他領導農民運動方法得當、措施得力,迅速掀起了海豐農民運動的高潮。1923 年元旦,他領導創建了擁有 10 萬會員的中國第一個縣級農會組織——海豐縣總農會,擔任總會長。〔註122〕1923 年 4 月,因爲農民已認清農會是代表他們利益的組織,所以陸豐、惠陽等縣農民也紛紛成立農會。〔註123〕1923 年 5 月,他將海豐、陸豐、惠陽等地的農會串聯在一起擴展爲「惠州農民聯合會」,各縣分設縣聯合會;〔註124〕同年 7 月,農會組織又擴大到惠來、普寧、潮安等縣,於是彭湃將「惠州農民聯合會」改組爲「廣東省農會」,當選爲執行委員長。〔註125〕1924 年第一次國共合作開始後,根據中共黨組織的安排,他先後出任國民黨中央農民部秘書和廣東省黨部農民部部長,〔註126〕並擔任共青團廣東區委農工委員。1924 年 7 月至 1925 年底,他在廣州農民運動講習所擔任第一屆和第五屆主任並兼任歷屆農講所教員,講授《海豐及東江農運狀況》等課程,系統傳授開展農民運動的經驗,爲廣東以及全國培養了一大批農民運動骨幹。〔註127〕1926 年 1 月,他寫的《海豐農民運動報告》開始在國民黨

〔註118〕郭德宏編著:《彭湃年譜》,北京:中共中央黨校出版社 2007 年版,第 185 頁。
〔註119〕郭德宏編著:《彭湃年譜》,北京:中共中央黨校出版社 2007 年版,第 46~48 頁。
〔註120〕郭德宏編著:《彭湃年譜》,北京:中共中央黨校出版社 2007 年版,第 50 頁。
〔註121〕郭德宏編著:《彭湃年譜》,北京:中共中央黨校出版社 2007 年版,第 85 頁。
〔註122〕郭德宏編著:《彭湃年譜》,北京:中共中央黨校出版社 2007 年版,第 107 頁。
〔註123〕郭德宏編著:《彭湃年譜》,北京:中共中央黨校出版社 2007 年版,第 124~125 頁。
〔註124〕郭德宏編著:《彭湃年譜》,北京:中共中央黨校出版社 2007 年版,第 127 頁。
〔註125〕郭德宏編著:《彭湃年譜》,北京:中共中央黨校出版社 2007 年版,第 129 頁。
〔註126〕郭德宏編著:《彭湃年譜》,北京:中共中央黨校出版社 2007 年版,第 248 頁。
〔註127〕郭德宏編著:《彭湃年譜》,北京:中共中央黨校出版社 2007 年版,第 199~201 頁。

中央農民部主辦的《中國農民》上連載，成爲指導全國農民運動的重要文獻。
〔註128〕到 1926 年 5 月廣東省第二次農民代表大會時，全省農會會員接近 63
萬人，占當時全國農會會員總人數的 2 ／ 3，〔註129〕這使廣東成爲全國農民運
動的中心。1926 年 11 月，中共中央正式設立農民運動委員會，以毛澤東爲書
記，彭湃等爲委員。〔註130〕1927 年 3 月下旬，彭湃離開廣州到達武漢，參加
了湘、鄂、贛、豫農民協會代表和河南農民自衛軍代表在武昌舉行的聯席會
議。會議決定成立中華全國農民協會臨時執行委員會，彭湃當選爲秘書長，
他與毛澤東、方志敏等人共同擔負起領導全國農民運動的重擔。〔註131〕與此
同時，他也十分重視工人運動。1923 年 5 月下旬，他派人在海城、汕尾、媽
宮等地的工人中開展活動，組織基層工會。〔註132〕1924 年 5 月，他在廣州曾
化裝成人力車工人，深入到人力車工人中宣傳，發動他們組織起來，反對車
主、工頭和包租人的剝削和壓迫。1924 年 6 月他領導成立廣州市人力車第一
協作社。〔註133〕

　　他是中國共產黨早期重要領導人之一，並創建了海陸豐革命根據地。
1927 年 4 月 27 日至 5 月 9 日，中國共產黨第五次全國代表大會在武漢召開，
大會批評陳獨秀犯了忽略同資產階級爭奪領導權的右傾錯誤，彭湃出席大
會，並當選爲中共中央委員。〔註134〕大革命失敗後，爲了反抗國民黨政府
的屠殺，1927 年 7 月，改組後的中共臨時中央決定在南昌發動武裝起義，並
成立了以周恩來爲書記，彭湃、李立三、惲代英等爲委員的中共前敵委員會。
〔註135〕中共前敵委員會原計劃 7 月 30 日舉行起義，但由於張國燾的阻撓，
起義時間被迫推遲到 8 月 1 日凌晨 0 點。南昌起義爆發後，起義軍迅速佔領
南昌，並成立了以共產黨員爲核心、有國民黨左派人士參加的革命政權——
「中國國民黨革命委員會」，彭湃被推選爲革命委員會委員和農工運動委員

〔註128〕郭德宏編著：《彭湃年譜》，北京：中共中央黨校出版社 2007 年版，第 259
　　　　頁。
〔註129〕葉佐能著：《彭湃與海陸豐根據地》，北京：中共中央黨校出版社 2011 年版，
　　　　第 156 頁。
〔註130〕郭德宏編著：《彭湃年譜》，北京：中共中央黨校出版社 2007 年版，第 306 頁。
〔註131〕郭德宏編著：《彭湃年譜》，北京：中共中央黨校出版社 2007 年版，第 319 頁。
〔註132〕郭德宏編著：《彭湃年譜》，北京：中共中央黨校出版社 2007 年版，第 126 頁。
〔註133〕郭德宏編著：《彭湃年譜》，北京：中共中央黨校出版社 2007 年版，第 195 頁。
〔註134〕郭德宏編著：《彭湃年譜》，北京：中共中央黨校出版社 2007 年版，第 324 頁。
〔註135〕郭德宏編著：《彭湃年譜》，北京：中共中央黨校出版社 2007 年版，第 330 頁。

會委員。〔註136〕1927年8月7日，中共中央在漢口召開緊急會議，決定實行土地革命，以武裝暴動來反抗國民黨的屠殺，號召發動農民舉行秋收起義作為當前的主要任務；彭湃雖然沒有參加會議，但仍被選為中共中央臨時政治局委員。〔註137〕面對敵人重兵的圍攻，他隨南昌起義部隊南下廣東，突破國民黨軍的多重防線，進入潮汕地區。1927年9月24日，他在汕頭領導成立了東江工農自衛軍總指揮部，統一指揮潮汕工農武裝，支持南昌起義軍在汕頭、揭陽的戰鬥。〔註138〕1927年10月底，海陸豐工農群眾舉行第三次武裝起義，奪取了海豐和陸豐兩縣的政權。〔註139〕11月中旬，在中共中央臨時政治局委員彭湃的領導下，陸豐和海豐兩縣相繼召開工農兵代表大會，民主通過施政綱領，分別產生了陸豐和海豐兩縣工農兵蘇維埃政府（通稱海陸豐蘇維埃）。〔註140〕他以中共中央代表的身份在大會上作《政治報告》，號召海陸豐農民實行土地革命，沒收分配土地，堅決鎮壓地主豪紳的反抗。〔註141〕11月下旬，中共東江特委在海豐縣城成立，彭湃任書記，負責領導海豐、陸豐、紫金、惠陽、普寧、惠來等縣的土地革命和政權建設。〔註142〕12月11日，廣州起義爆發，彭湃未能參加起義，但仍被推選為廣州蘇維埃政府人民土地委員。〔註143〕廣州起義失敗後，他繼續領導廣州起義餘部在海陸豐地區堅持鬥爭。海陸豐蘇維埃政權的存在和發展引起國民黨軍閥的極大恐慌，他們糾集重兵對新生的蘇維埃政府進行圍剿。1928年2月29日、3月1日陸豐和海豐縣城相繼被敵軍攻佔，而中共東江特委則被迫撤到附近的農村。1928年3月7日，中共東江特委在《關於大安公平汕尾之戰給省委報告》中稱：「海陸豐兩縣的蘇維埃政權仍舊存在，繼續行使職權，海豐的遷到梅隴，陸豐的遷到新田，並通電全省說明海陸豐蘇維埃政權並未給敵人消

〔註136〕郭德宏編著：《彭湃年譜》，北京：中共中央黨校出版社2007年版，第331頁。
〔註137〕郭德宏編著：《彭湃年譜》，北京：中共中央黨校出版社2007年版，第332～333頁。
〔註138〕葉佐能著：《彭湃與海陸豐根據地》，北京：中共中央黨校出版社2011年版，第282頁。
〔註139〕葉佐能著：《彭湃與海陸豐根據地》，北京：中共中央黨校出版社2011年版，第283頁。
〔註140〕葉佐能著：《彭湃與海陸豐根據地》，北京：中共中央黨校出版社2011年版，第287～290頁。
〔註141〕郭德宏編著：《彭湃年譜》，北京：中共中央黨校出版社2007年版，第344頁。
〔註142〕郭德宏編著：《彭湃年譜》，北京：中共中央黨校出版社2007年版，第366頁。
〔註143〕郭德宏編著：《彭湃年譜》，北京：中共中央黨校出版社2007年版，第370頁。

滅。」〔註 144〕此後，由於敵強我弱，力量懸殊，彭湃只得將海陸豐蘇維埃
政府撤出縣城，轉入農村堅持鬥爭。3 月中旬後，彭湃奉命離開海陸豐革命
根據地，對此，他的母親周鳳在《湃的小史》中講到：「1928 年 3 月 1 日，
反革命派由廣州分三路進攻海陸豐。我軍退入山區，作堅壁清野之策略，與
敵人作長期鬥爭。紅軍主力集中朝面山南嶺一帶爲根據地。日餘間，湃與許
玉磐、鄭志雲同往潮汕工作後接省委之召，赴港轉上海工作。」〔註 145〕

　　縱觀彭湃的革命經歷與彭榮在臺共建黨大會上所作的報告，在史實上和
邏輯上均高度吻合，從這個角度來說，彭榮就是彭湃。

## 四、結　語

　　綜上所述，彭榮就是彭湃。與此同時，我們通過上述考證可知：研究歷
史要「有一分證據說一分話」，如同法官判案，必須掌握充分的證據，並使
各個證據之間形成合理的邏輯關係。因爲是憑證據說話，所以研究歷史依靠
的是搜集證據、分析證據和論證證據關係的能力，而不是看學者能提出怎樣
新穎的觀點。歷史研究的生命力在於證據（史料），研究歷史要堅持無證不
立論，切記過度推理和主觀臆想。只有這樣，我們在史料運用上才能避免以
訛傳訛和史實失誤。

# 附　錄

## 一、關於台灣共產黨活動的報告（1930 年 10 月 20 日）〔註 146〕

### A. 台灣共產黨成立時的客觀情況

　　I、1926 年是台灣階級關係大轉變的一年。在此之前的幾年，台灣各個
不同的反帝國主義階級（民族資產階級、小資產階級、工人、農民以及一部
分的地主與士紳）聚集到文化協會的旗幟下，組成了反帝統一戰線。但是，
到了 1926 年年底的文協代表大會時，由於工人與農民的革命力量日益發展，

---

〔註 144〕葉佐能著：《彭湃與海陸豐根據地》，北京：中共中央黨校出版社 2011 年版，
　　　　　第 421 頁。
〔註 145〕葉佐能編：《彭湃研究史料（上）》，北京：中共中央黨校出版社 2007 年版，
　　　　　第 29 頁。
〔註 146〕俄羅斯國立社會政治史檔案館／全宗 495／目錄 128／案卷 10，第 167～177
　　　　　頁。原件，手稿，英語。

以及無產階級政治力量的逐日增強，台灣的地主與資本家離開了文協，另行組織反動的民眾黨。自從士紳資本家階級退出文協之後，工人、農民與小資產階級的革命鬥爭沒有一日停止。由於無產階級已經躍上政治舞臺，革命運動也因此獲得了迅速發展。

1926 年秋天到 1928 年春天是台灣的革命興起的高潮期。機械工人的大罷工（高雄）引發了遍及全島的同情性志願罷工。這有一些像是五卅運動的情況一般，是台灣的第一波革命浪潮。

在這段期間，除了機械工人罷工外，還有阿里山木材工人的罷工（日本政府提供武器讓山上的日本人來殺害工人）、紡織工人罷工（1927 年 5 月）、水泥廠工人罷工、木炭工人罷工（1928 年 4、5 月）以及製鹽工人罷工（1928 年 5、6 月）等陸續發生。台灣農民運動最知名的一頁歷史，就是第一個全島性的農民組織於 1927 年 12 月在紅色旗幟下召開了全島代表大會。1928 年 4 月 11 日，蔗農們為了抗議糖廠剋扣甘蔗的重量，包圍了鹽水港製糖會社。同一年的 4、5 月，憤怒的農民因農民組合支部的第一次集會遭到解散，包圍了 Kuo-Shou 的警察機構。在大湖、三義與其他地方，台灣農民陸續與收奪他們土地的日本帝國主義展開了鬥爭。1928 年 5 月 1 日，台灣各大城市都利用五一勞動節的機會舉辦群眾集會或抗議活動。在彰化，有超過 5000 人的群眾參與了一項持續數小時的示威抗議。在這段期間，工人與農民的組織都取得了快速發展（工會會員增加到 13000 至 14000 人，農民組合成員達到了 3 萬人）。

II、1926～1928 年間，台灣工人與農民的革命運動發展受到中國第一次大革命的影響，也受到帝國主義者激烈攻擊刺激。在那段時間，帝國主義的國際情況正處於相對的穩定期。日本帝國主義無情粗暴的剝削，促使工人與農民起而與它展開戰鬥。

引發罷工的原因主要是反對不當解雇工人或是反對不當降低工資。也曾有過為爭取提高待遇的罷工，不過爭取加薪通常並不是主要的爭議問題。

農民的鬥爭，則包括：反對政府收奪他們的土地，放領給退休的日本官員；反對收奪竹林地轉賣給日資的大型會社；反對政府不當干預甘蔗價格；反對製糖會社剋扣甘蔗斤兩；以及反對增加租稅等。包圍警察局等反抗行動，常同時在不同的地方發生。

那個時期，台灣的工人與農民運動都獲得了普遍發展。不過，當時的日

本帝國主義不像目前這般猶豫不決，而且當時壓迫台灣的力量也相對較強，加上台灣工人與農民欠缺有力的革命經驗，而且又缺乏強而有力的布爾什維克政黨的領導，因此大多數的罷工都遭敵人破壞。農民曾在運動的初期取得一些勝利，但在嚴厲鎮壓之下，台灣工人和農民聯盟的力量，還不足以來攻擊敵人。

目前我們需要建立一個群眾性的政黨（一個反對大資產階級的工農政黨）。在日本（社會主義研究部與加入中國共產黨的台灣人）與台灣，我們都認為只有一個布爾什維克政黨才能夠克服敵人的攻擊，並在台灣發展革命運動。

台灣共產黨就是在這種客觀環境下組織起來的。

## B. 創黨目標與第一次代表大會的成果

IV．創黨工作獲得剛自莫斯科回來的日本共產黨代表的協助。共產國際將組織台灣共產黨的工作任務交給了他們。同一時間，加入中國共產黨的台灣人與社會科學研究部的進步成員，則為了組織台灣共產黨，擔負著在日共與中共之間的聯繫工作。加入中國共產黨的台灣黨員，被指派前往上海討論即將成立的台灣共產黨組織問題。因此，我們利用這次機會召集了在上海的台灣同志以及從莫斯科、日本與台灣前來的台灣同志，在中國共產黨與日本共產黨的領導下，組織了台灣共產黨籌備委員會。

經過一、兩個月的準備之後，籌備委員會在日本共產黨同意的政治綱領與組織綱領決議案之外，針對工人運動、農民運動、婦女運動、青年運動與赤色救援等重要議題，補充擬定了一系列的決議案。接著，在中國共產黨中央委員會代表的領導下，日本共產黨台灣支部的第一次會議就此順利召開。

在這裡我們可以清楚知道，台灣共產黨是因客觀條件的需要而組織成立的，不過黨的創立卻還遠離台灣的實際鬥爭；這種差距的緣由，不僅僅是因為創黨會議是在遠離台灣的上海舉行，產生差距的原因，還包括參與創黨會議者都不是實際參與台灣實際鬥爭的人。（即使是那些從台灣前來的與會者，也都不是在台灣參與實際工作的人。）參與創黨會議的人沒有任何一名工人，他們全都是學生。中國共產黨中央委員會代表指出的這兩點非常的正確。同時我們也必須指出，籌備委員會內很明顯有一些小資產階級的問題，這些問題給後來的黨工作帶來不小的麻煩。

V. 創黨會議認定現階段的台灣革命階段性質屬於工農民主革命，反對當

時人在台灣的連溫卿所主張的「無產階級革命」。會議的這種認識，基本上是正確的。黨承認台灣的社會推動力量在於工人、農民與一部分的小資產階級，而且明白指出了未來的革命展望是社會主義革命，反對台灣島內的民族改良主義者所主張類似孫中山思想的民族革命理論。這是一種正確地認識。

不過，創黨大會在分析台灣的資產階級時犯了一個大錯。大會將台灣的民族資產階級分為進步的與反動的兩大集團，並認為後者與日本金融資本勾結，具有濃厚的封建特質；前者獨立於日本金融資本，未受日本資本控制，沒有或是僅有部分的封建特質。因此，創黨大會主張我們應該只攻擊後者，而與前者建立統一戰線。對於民眾黨的策略也一樣，大會認為應該將該黨的左、右派加以區別，而只攻擊其中的右派。

事實上，在日本金融資本控制下，台灣的資產階級是一個整體，他們都無法擺脫封建關係（資本家同時也是地主的情況非常的普遍）。在這個階級裏，雖然有一些相對的進步者，也有一些相對的反對者，不過民眾黨成立一事，卻證明了資產階級是一個背叛革命的階級；其中所謂的左派，也只不過是推崇蔣介石和詆毀共產黨的一幫人而已。他們是一批民族改良主義者。創黨大會雖指出他們在「未來」不可能避免民族資產階級的反動性格，但卻沒有看到資產階級已經站在反對工人與反對農民的位置上。因此，大會雖然指出必須注意反動的資產階級，但並沒有處理與民族改良主義鬥爭的問題。客觀而言，創黨大會拋棄了與民族改良主義戰鬥的任務。

當民眾黨聽到我們要組織總工會的信息時，他們就千方百計的想來破壞我們的工作。他們接著組織成立了右派的台灣工友總聯盟，而且還拒絕讓左派工會加盟。我們的黨對民眾黨分化工會的行動展開了鬥爭，不過大會通過有關工會運動的決議，犯了一個嚴重的錯誤。大會認為工人階級是一個整體，沒有左翼右翼的區分，需團結在一起。所以黨只與民眾黨戰鬥，卻沒有對與資方勾結的黃色工會展開鬥爭。創黨大會決定由下到上聯合左右翼，接著再組織全臺的總工會。在這裡所犯的最嚴重錯誤如下：1. 未對黃色工會展開戰鬥。2. 忘記需先組織左翼（赤色）工會，以便集中力量來與帝國主義、白色恐怖與國民黨以及黃色工會戰鬥。創黨大會之後，共產國際已經指出了這些錯誤，但多數同志還沒有注意到這些。

關於農民問題方面，大會認識到合法主義的思想必須加以打破。我們必須將日常的農民鬥爭與「將耕地交還給農民」的口號結合起來，這是非常正

確的做法。不過在那個時候，土地問題並沒有被討論，黨也沒有提出土地問題的處理綱領。由於對農民運動的情況欠缺瞭解，自然就無法做出正確具體的決定。對於富農與農業工人的問題，也沒有提出單一的工作任務，當然這也是大會的一個重要缺失。

籌備委員會所擬定關於青年運動的決議案，提議成立無產階級青年同盟做為工人青年、農民青年與小資產階級青年的開放性組織。不過，中國共產黨中央委員會方面指出，沒有必要在共產青年團之外再成立這種青年組織。因此，大會決定在工會與農民組合中成立青年部，以展示黨對動員青年以及對青年特殊需求的重視。就在同一時間，創黨大會也要求台灣共產黨準備成立共青團。這種青年運動的一般政治路線是正確的主張。

在關於婦女運動方面，大會決定要在工會與農民組合內成立婦女部，並在各地區成立婦女同盟組織，不過反對成立全台灣婦女同盟組織。

部分同志認為赤色救援運動只是單純的救援工作，大會糾正了這種錯誤，並認知到赤色救援工作的主要任務，是要來動員黨的後備軍。大會決定在工會、農民組合與文化協會成立救援部，再將這些救援部門結合成一個統一的救援組織。

有關青年運動、婦女運動及救援任務的進行不是很順利。不過這不是大會的錯誤，而是黨沒有確實執行相關的工作任務。

VI 我們在此必須特別指出的是，創黨大會是在距離實際革命鬥爭地點台灣非常遙遠的地方舉行的，參與創黨大會的同志缺乏實際革命鬥爭的經驗，這是何以大會對如此多問題無法做出確實、詳細決定的原因所在。對於當時的革命情勢未能做出明確的評估（暴動或鎮壓），因此只能針對不同問題做出決議，但並未能指出總的革命路線方針與中心任務之所在。一些台灣同志說：「我們只看到所有的問題都重要，但根本無法掌握問題的核心所在。」創黨大會確實就像這種情況。

同一時間，我們也必須指出在台灣組織大眾黨的問題。大會決定組織結合工人、農民與小資產階級的聯盟——大眾黨。在台灣確實有需要聯合工人與農民，不過資產階級當時已經反動化，黨已不需要這樣的東西。在得知共產國際做出放棄組織大眾黨的決議（不是專為台灣共產黨做的決議）後，台灣共產黨也放棄了早先組織大眾黨的構想。這件事顯示黨內的合法主義意識形態非常濃厚。組織大眾黨曾一度幾乎成為黨的中心任務，對某些同志而

言，組織大眾黨的重要性甚至遠超過了組織共產黨，這是一種取消主義的傾向。

總的來說，創黨大會是在中國共產黨中央委員會的領導下召開進行的，它取得了部分成功勝利，不過參與的同志並非出身台灣革命鬥爭，他們非常欠缺實際鬥爭經驗。參與創黨大會的同志全都是學生，因此大會留下了許多機會主義的痕跡，大會的作為也因此處處顯得模稜兩可。

### C. 台灣共產黨成立後的情況

VII. 創黨大會結束後，中央委員會在上海召開了會議，並派遣了 2 名同志返回台灣與日本執行任務。其他同志也準備返回台灣開始活動。

不過就在大會結束的十天之後，黨的組織即遭受到嚴重的打擊——被敵人發現。所有的會議文件與黨員同志名單也全被敵人搜走，在上海的同志有一半被捕。

黨組織被發現遭破壞是因為我們的同志欠缺經驗所致，他們都過於浪漫天真而不夠實際嚴肅。

不過，在台灣的同志並不知道此一發展，仍在努力推展工作。

根據創黨大會的決議，黨的第一項工作是要推展工會的「統一戰線」運動。當時，左翼工會召開了代表大會，而我們的同志在會上的行動，是反對團結左、右翼工會的全島總工會主張。

我們在前面已經指出，第一次黨大會對於工會運動的決議犯了右派機會主義的錯誤（也就是沒有與黃色工會展開戰鬥）。在台灣島內實際推動工作時，又犯了更多的錯誤，那是一種非常典型的右派錯誤。

第一個從上海返回台灣的同志應該向島內的同志傳達所有的大會決議。但是，當他返回台灣後，卻只告知同志們黨已經成立，以及哪些人獲選擔任哪些職務，完全沒有向同志們轉達大會有關政治與組織的決議以及黨的策略，所有帶回台灣的文件都被埋到地下，直到工會召開大會時才拿出來宣讀一下。

當文件被取出來後，也只是被匆匆宣讀而已。同志們好像是在捧讀「聖經」一般的讀它，沒有相互的討論，甚至並不清楚瞭解其內容意義。在工會的代表大會上，我們兩位同志甚至發表了不同的意見。

當時的工人群眾需要一個由下而上組織起來的統一戰線。兩名參與大會的同志在工人之間頗具有影響力，而且也能夠鼓動群眾氣勢。不過，大會拒

絕了組織全臺總工會的決議案，而決定要建立一個統一戰線。但因反對統一戰線的連溫卿集團的阻礙，加上我們沒有周全的準備，統一戰線的工作一開始就幾乎沒有順利進行。

在那時候，上海事件的消息（指臺共組織遭破獲）傳抵了台灣，連溫卿集團即開始攻擊我們，還對外放出誰與誰是黨員等消息。我們的同志因此變得非常害怕，一些人開始逃往日本，另一些人則逃往中國。那些留在台灣的同志，則嚇得不敢行動或講話。當群眾需要他們領導時，他們就藉故推脫。所有的黨務都告停止，這是 1928 年秋天的事。

VIII. 在上海的黨組織被破獲之後，日本帝國主義在台灣的壓迫也日益增強，監視黨員同志，解散農民組合支部，瘋狂鎮壓罷工行動與農民運動。1928 年 5 月，逮捕文化協會的許多領導者。1928 年 8 月，又逮捕許多農民組合的領導者與進步農民。1929 年 2 月 12 日，更在全島展開大追查（爲了逮捕我黨同志）。所有重要的革命人士都遭到逮捕，全臺有 500~600 個處所受到嚴密的監視或搜索。

這次的大搜索雖然沒有找到黨的證據（因爲所有黨的活動已經停止），不過革命運動遭受到非常嚴重的打擊。由於這次打擊，就像中國在廣東革命暴動後的情況一樣，台灣的革命情勢一時陷入衰退低潮。在工會運動方面，台灣總工會還沒有成立，籌組工會統一戰線的工作也還沒開始，左翼工會活動也因此停頓。在農民運動方面，自從主要領導被捕之後，許多地方的農民運動遭到無情破壞。許多農民的土地被收奪，之前這些土地因爲農民鬥爭才能免受於被收奪。

這裡我們可以清楚看到，1926～1928 年間革命運動的風起雲湧與慘遭鎮壓，都與黨有密切關係。當然，這次革命挫敗的部分原因，是因爲帝國主義統治擁有某種程度的穩定（第二階段的資本主義），另一方面也是因爲台灣的工人與農民欠缺經驗（習慣於合法運動及欠缺地下活動經驗）。不過，這次失敗最主要的原因，還是在於這波革命欠缺一個健全的布爾什維克黨的強力領導。（當時許多工人與農民群眾找上我們的同志尋求協助，但我們的同志沒有積極回應他們的要求。許多同志不是自我逃跑，就是根本不敢起身肩負任務。）

IX. 逃到日本的同志遭到日本共產黨的嚴厲批判。逃到中國的除了一名壞同志之外，所有的人在逃亡途中及發覺自己的錯誤。他們發覺自己無法掌握

情況，因此希望到中國尋找方法策略後再重返台灣。與留在中國的台灣同志諮商之後，他們發現黨在政治與組織上的許多缺失，而且也確實發現了自己所犯的錯誤，現在其中的部分人已回到台灣。在台灣的同志也受到了嚴厲批判，而且也已重新展開黨的部分工作。

不過，自從黨組織在上海遭破壞之後，在台灣的同志受到了白色恐怖的驚嚇，他們已不能勇敢戰鬥。

黨的存在事實完全沒有讓台灣大眾知道。即使是黨員（只有 20～30 人）也未曾聽過或是看過創黨大會的主要決議與內容。

在嚴厲的白色恐怖下，黨不只無法領導群眾展開反擊，許多黨的工作更在「現狀與黨員不足」條件下，被紛紛取消而一無所成。

雖然部分同志在農民組合持續執行工作，不過都沒有獨立的黨活動。

派系主義是黨組織發展的一個障礙。許多革命工人與農民都被拒絕在黨的大門之外。例如，曾有同志在礦場工作，但在長達一年之後，竟沒有推薦任何一名新黨員入黨。

直到現在，所有的黨員都還是學生黨員，黨內沒有任何一名工人黨員。農民黨員也非常的稀少（只有一、兩名而已）。

沒有黨支部生活，多數黨員都沒有被編組到支部。只有群眾組織裏德黨團工作，但沒有黨支部的工作。（像是在農民組合的黨團活動的陳同志，就從未有過支部生活。）

只有農民組合的黨團具有部分的功能，不過，指導的黨組織從未派同志前往指導工作，也未曾給予任何的具體指示。

台灣共產黨中央委員會的成員有的人在海外，有的離開中委會的工作，只有三人仍然在職位上。其中一人從事書店經營的工作，其他兩人住在兩個不同的地方。中央委員之間只有一、兩個人之間的聯繫，沒有召開會議，其領導能力非常的弱。在中國的同志有時會向他們提供政治或組織上的意見，他們雖然在原則上有一致的看法，不過從未在實際行動上付諸實施。

10 月 20 日完成

第一頁上方左側，蓋有印章：共產國際執行委員會檔案

中間蓋有印章：「1275 2.APR.1931」。

## 二、翁澤生關於臺共人數、群眾組織人數的報告（1931 年 2 月 7 日）〔註147〕

有關台灣共產黨與群眾的組織情況問題，最近收到了如下內容的相關資料：（根據標注日期為 1 月 22 日的那封信）

A. 關於黨的部分：

1. 黨員—25 人

2. 組成—5 名工人、4 名農民、4 名勞動群眾、12 名知識分子。（注意：5 名工人可能包括 3 名由日返臺的學生，他們都到礦場工作。）

B. 關於群眾的部分：

1. 超過 17000 個有組織的群眾。

2. 組織化工人數超過了 500 人，他們分佈在礦業、運輸、郵政與印刷等行業。台灣印刷工人工會籌備委員會去年 12 月 18 日組成；運輸工人工會與礦工工會將在 2 月中旬組織成立。

3. 農民組合會員超過了 9000 人。

4. 文化協會會員超過了 900 人。

文件第一頁的上方右側蓋有印章：「1400*10.APR.1931」。

---

〔註147〕俄羅斯國立社會政治史檔案館／全宗 495／目錄 128／案卷 10，第 44 頁。原件，手稿，英語。

# 第三章　台灣共產黨政治綱領焦點問題評析

　　日據時期，臺共曾在其政治大綱中提出了「台灣民族」、「台灣獨立」、「建立台灣共和國」等焦點問題。雖然這些問題在特定的歷史時期有特定歷史內涵，但由於這些問題與新中國的統一祖國大政方針相背離，因而，這些問題成為幾十年來爭論的焦點和敏感問題，長期以來，這些問題在大陸幾乎成為無人敢於涉獵的禁區，至今這一領域的研究仍是一片空白。近年來，隨著學術界研究環境的日益寬鬆，使得臺共政治綱領焦點問題研究成為可能。為了使人們對上述問題有所認識，筆者就臺共政治綱領中的「台灣民族論」和「台灣獨立」的真實內涵作一論述。

## 第一節　「台灣民族論」不能成立

　　「台灣民族論」是現階段「臺獨」理論的核心內容之一，它認為台灣文化在特殊的歷史發展進程中，已逐漸超越了同中國的血緣、地緣關係而形成為獨特的文化，台灣人民已經「脫中國化」而成為一個與「中華民族」相平行、相對等、獨立的「台灣民族」，因而要求民族自決權或分離權。為了替這一理論尋找歷史依據，臺獨理論家們便搬出了日據時期臺共的政治大綱。

　　臺獨理論家史明在《台灣人四百年史》一書中寫道：「因台灣共產黨是以『台灣民族』為台灣革命的出發點，所以台灣的殖民地民族解放運動就不可能成為中國革命的一部分，也不是日本革命的一部分，而是單獨成為一系統

及一單位的『台灣革命』。」〔註1〕另一位臺獨理論家陳芳明則在《殖民地台灣》一書中說：「台灣民族的存在，是在歷史的壓迫過程中塑造起來的。外來的侵略與威脅愈強烈的話，台灣民族意識就越鞏固。臺共的1928年綱領，正是反映了這樣的歷史現實。因此，有關台灣民族發展的回顧，在臺共第一份政綱中佔有相當重要的分量。因為，台灣民族的追求生存與尊嚴，是臺共所強調的革命主要任務。」〔註2〕看來，如何看待臺共的「台灣民族論」主張，已成為我們批駁臺獨言論時亟待解決的重大課題。

## 一、台灣共產黨政治綱領中的「台灣民族論」不能成立

將台灣人民單獨分列出來作為一個民族的提法，的確曾出現在1928年臺共成立時的政治大綱中，該大綱是這樣表述「台灣民族」的產生和發展歷程的：「台灣的最初住民是野蠻人，（即）所謂的生蕃。在16世紀的前半期，西方的先進國家荷蘭開始佔領這個蕃島的南部，西班牙則佔領北部。這就是台灣殖民地歷史的序幕。1660年代，被滿清打敗的鄭成功率兵東渡台灣，把那些為數甚少的荷蘭人和西班牙人逐出島外。其後，生蕃逐漸受到壓迫，土地漸受剝奪，終於全部為漢人逐入深山裏。因此，台灣土地被鄭氏家族及其部屬分割佔有。此後由中國南方移居台灣的漢人與日俱增。所謂台灣民族，就是由這些中國南方移民渡臺後而產生的。」〔註3〕此後，台灣社會經過滿清、日本的統治階段，開始從封建制度向資本主義制度過渡。台灣封建制度崩潰的關鍵，在於滿清後期台灣與西方先進各國開始進行貿易，促使島內商業資本逐漸抬頭。台灣被割讓給日本時，台灣民主國的抵抗行動，事實上是由資本主義化的中地主、商人和激進武士聯合領導的。日本統治後，資本主義支配整個台灣社會；台灣資本家必須依賴日本資本主義而存在，使得民主革命未能完成，而封建色彩也還有殘餘。總之，「台灣民族經過這樣的歷史階段，在特殊的經濟發展過程中被培養長大」。〔註4〕應當說，臺共政治大綱中有關「台灣民族」的論述缺乏根據，不能令人信服。它對台灣歷史發展的敘述，

〔註1〕 史明：《台灣人四百年史》，臺北：蓬島文化公司1980年版，第582頁。

〔註2〕 陳芳明：《殖民地台灣》，臺北：麥田出版股份有限公司1998年版，第237頁。

〔註3〕 「台灣總督府警務局」：《台灣社會運動史——共產主義運動》，《台灣共產黨政治大綱》，臺北：創造出版社1989年版，第24～25頁。

〔註4〕 「台灣總督府警務局」：《台灣社會運動史——共產主義運動》，臺北：創造出版社1989年版，第26頁。

支離破碎，不成體系，而且有很多錯誤。

什麼是民族？這是我們辨析台灣漢人是不是形成一個單獨的「台灣民族」，必須弄清的理論出發點。目前國內外學術界有各種不同的民族概念，因此，我們有必要討論一下有關「民族」定義的問題。

1、近代國內外資產階級學者和政治家對「民族」定義的表述。1851年，意大利學者馬齊提出，民族是「具有土地、起源（即有「血統」的含義）、習慣、語言的統一，以及生命和社會意識共同一致的人類的自然社會。」〔註5〕這是目前人們知道的最早的民族定義。它在一定程度上是符合實際的，但不全面，而且過於含糊寬泛：一個民族內部「生命」怎能一致？一個民族內各階級階層的社會意識又怎能一致？把民族說成是「自然社會」，是把民族這一社會歷史現象錯看成自然現象（這是 19 世紀資產階級民族學理論的普遍錯誤之一），又把民族這一範疇混同於社會這一範疇（後者指以共同物質生產活動爲基礎而相互聯繫的人類生活共同體）。1852 年，瑞士法學家布倫奇里提出民族八特質說。他說：「民族特質有八：其始也同屬一地；其始也同一血統；同其肢體形狀；同其語言；同其文字；同其宗教；同其風俗；同其生計，由這八種因素相結合，並傳之子孫，久而久之，則成爲民族。」〔註6〕1905 年，汪兆銘提出民族六要素說：「民族云者，人種學上之用語也，……其條件有六：一同血系（此最條件、雖因移住婚姻，略減其例），二同語言文字，三同住所（自然之地域），四同習慣，五同宗教（近世宗教信仰自由，略減其例），六同精神體質。此六者皆民族之要素也。」〔註7〕1924 年孫中山在《三民主義》一文中提出了民族「五種力說」。他說：「我們研究許多不同的人種，所以結合成種種相同的民族的道理，自然不能不歸功於血統、生活、語言、宗教和風俗習慣這五種力。這五種力，是天然進化而成，不是武力征服得來的。」〔註8〕以上所列的布倫奇里、汪兆銘、孫中山提出的民族定義，雖然有合理的方面，但也有不合理的方面。他們都把「血統」作爲民

〔註5〕 吳仕民、王平：《民族問題概論》，成都：四川出版集團、四川人民出版社 2007
　　　年版，第 4 頁。

〔註6〕 梁啓超：《政治學大家布倫奇里之學說》，《飲冰室文集》卷五說二，上海：廣
　　　智書局 1905 年版，第 51 頁。

〔註7〕 精衛（汪兆銘）：《民族的國民》，《民報》1905 年第 1、2 期合刊，見《辛亥革
　　　命前十年間時論選集》卷二上冊，北京：生活・讀書・新知三聯書店 1963 年
　　　版，第 83 頁。

〔註8〕 《孫中山選集》下卷，北京：人民出版社 1981 年版，第 620～621 頁。

族的基本要素，有的還作爲最重要的因素，都把「宗教」作爲民族的基本要素之一，又有的把「肢體形狀」也作爲民族的基本要素之一。這是他們在觀察認識民族方面的共同的缺陷。民族不是血統組織，而是以地緣關係爲基礎的人們共同體。宗教對某些民族來說，的確是一個重要的特點，但是，一個民族的人不一定都信仰宗教，信仰宗教的那一部分人，也不一定都信仰一種宗教；信仰同一宗教的不一定是一個民族。民族與種族是有區別的，不能混同，不能把種族的特徵作爲民族特徵。因此，他們提出的民族定義，雖然在定義內容的完整性方面作了努力，但都不能作爲科學的民族定義。

2、第二國際機會主義者對「民族」定義的表述。第二國際後期（20世紀初），奧國社會民主黨內的機會主義者卡·倫納爾和奧托·鮑威爾等人爲了「論證」他們的「民族文化自治」理論，提出了非常混亂、模糊的所謂民族定義。倫納爾說：「民族是思想相同和語言相同的人們的聯盟」，是「由一群現代人組成的、和『地域』無關的文化共同體」。〔註9〕鮑威爾認爲，共同的語言不是民族的必要特點，沒有共同語言也能組成爲民族。他說：「民族就是相對的性格共同體」，「民族就是那些在共同命運的基礎上形成了共同性格的人們的全部總和」，〔註10〕它不一定和共同地域、語言以及經濟生活相聯繫。他們的所謂民族定義的核心問題是，把民族性格、民族文化同它所產生的根源即民族的生活條件、周圍環境等物質基礎和具體的歷史條件割裂開來，使民族脫離它賴以產生和存在的根基，從而把民族變成某種一成不變的、永遠存在的、神秘而不可捉摸的東西。因此，這種民族就不是活的行動著的民族，而是在實際生活中不存在的「紙上」的民族。不難看出，倫納爾和鮑威爾的民族定義是一種唯心主義的理論。

3、斯大林對「民族」定義的表述。長期以來被人們普遍接受的，是斯大林於1913年在《馬克思主義和民族問題》中提出的「民族」定義：「民族是人們在歷史上形成的一個有共同語言、共同地域、共同經濟生活以及表現於共同文化上的共同心理素質的穩定的共同體」。〔註11〕即民族是由共同語言、共同地域、共同經濟生活及共同心理素質四個基本特徵結合而成的。斯大林還指出：「實際上並沒有什麼唯一的民族特徵，而只有各種特徵的總

---

〔註9〕 《斯大林全集》第2卷，北京：人民出版社1953年版，第295頁。
〔註10〕 《斯大林全集》第2卷，北京：人民出版社1953年版，第296～297頁。
〔註11〕 《斯大林全集》第2卷，北京：人民出版社1953年版，第294頁。

和。」〔註12〕這個定義是以資本主義民族爲定義的對象（1929 年又把社會主義民族也包括在與此基本一致的定義之內），歸納了民族的基本特徵，曾對俄國（蘇聯）和世界各國無產階級政黨和社會主義國家認識和處理民族和民族問題方面起過重要作用。我們認爲，斯大林民族定義，既講到了形成民族的經濟基礎因素，又包括了上層建築方面的因素，還包括了地理條件和語言等自然和社會現象方面的因素，比較完整地概括了民族這個客觀事物的基本特徵。然而，斯大林民族定義中強調四個基本特徵必須同時具備才能構成民族的觀點，沒有充分考慮民族產生和發展過程及其複雜性，沒有充分反映民族的社會內容和社會結構。因此，這個定義具有一定的局限性，並不完全適用於中國。

4、中共對「民族」定義的表述。2005 年 5 月，在中央民族工作會議上，中共中央從中國實際的出發，將中國歷史和現實靈活地同斯大林的民族理論相結合，對民族概念作出了新的闡釋：「民族是在一定的歷史發展階段形成的穩定的人們共同體。一般來說，民族在歷史淵源、生產方式、語言、文化、風俗習慣以及心理認同等方面具有共同的特徵。有的民族在形成和發展的過程中，宗教起著重要的作用。」〔註13〕中共在關於構成民族六個共同特徵的定義，是在總結中國和世界民族理論的實踐經驗的基礎上，既繼承了斯大林民族定義的合理成分，又合理借鑒國內外關於民族的論述而提出的，可以說是集中國、世界的民族理論之大成。構成民族六個共同特徵的理論，表現出幾方面獨特性：第一，與針對資本主義上升時期形成的資本主義民族或現代民族的斯大林民族定義的四個特徵理論相比，更加寬泛，更側重於人類社會發展中從部落發展而來的民族，可涵蓋現今的絕大多數民族。第二，與特別強調血統、宗教等要素的民族定義相比，更加注重民族的地緣、生產方式、文化等諸要素，更加合理地確認族源和宗教的作用。第三，與強調文化、心理等要素的民族定義相比，更加注重歷史淵源、生產方式更加合理地確認諸要素的整體性和諸要素之間的關係。這個定義準確地闡述了民族這個人們共同體的內涵，具有科學的嚴謹性和普遍的適用性。

由上分析可知，在上述各種不同的民族定義當中，筆者認爲，2005 年 5

〔註12〕《斯大林全集》第 2 卷，北京：人民出版社 1953 年版，第 298 頁。
〔註13〕本書編寫組：《中央民族工作會議精神學習輔導讀本》，北京：民族出版社 2005 年版，第 29 頁。

月，在中央民族工作會議上，中共中央表述的「民族」定義最為科學。

下面我們根據中共的民族定義對台灣是否存在「台灣民族」進行分析。

從歷史淵源上看，當時的台灣人，除原住民之外，都是大陸漢族移民及其後裔。早在宋元時期，大陸漢族移民就已經開始陸續移居台灣，尤其是到了明清時期，大陸出現了四次向台灣大規模的移民高潮。這四次移民潮的主體是來自福建的閩南人和廣東的客家人，他們通過墾獵、商貿、隨軍、避戰、婚嫁等方式陸續遷入台灣，並在台灣繁衍後代。這一點可以從台灣的人口構成中看出來，據 1926 年日本人進行的「台灣在籍漢民族鄉貫別調查」可知，當時島內漢人共有 3751600 人，占台灣總人口數的 88.4%。其中祖籍來自福建省的漢人合計 3116400 人，祖籍來自廣東省的漢人合計 586300 人，祖籍來自閩粵以外諸省的漢人合計 48900 人。〔註 14〕這些具體數字不僅說明了台灣漢人與大陸漢人是同源一脈的血緣關係，而且還說明台灣漢人在台灣總人口中占絕對的多數。雖然台灣漢人歷經幾次外國殖民統治，但是與外國人通婚而帶有外國人血統的則為數極少，根本改變不了他們的漢族血統。即使那些極少數與外國人通婚而帶有外國人血統的台灣漢人後裔，只要還居留在台灣的土地上，那麼他們便籠罩在台灣漢人的文化氛圍與語境之中，也會逐漸被台灣漢人所融合。

從生產方式上看，大陸移民將大陸原有的生產技術和工具帶到台灣。明朝後期，在漢族人民大量移居台灣之前，台灣社會還處於原始經濟形態，生產水平十分低下，尚未進入鐵農具和牛耕階段。然而，這時大陸東南沿海地區已進入封建社會後期，農業生產工具、生產技術等已進入較先進階段。明鄭時期以來，隨著大陸移民大批遷入台灣，他們把大陸先進的生產方式廣泛地傳播到台灣各地。在農業方面，他們不僅引進了大陸先進的生產工具——鐵犁、牛隻、種子，而且還將製糖所需的蔗苗、熬糖技術、熬製樟腦、種桑養蠶技術以及各種水果種植技術傳入台灣。在手工業等方面，他們也將諸如冶鐵、曬鹽、造船、製瓦、燒炭、造幣等祖國大陸的先進生產技術和工藝廣泛引入到台灣。曬鹽技術的傳入，使台灣一反過去「煮海為鹽」、「苦澀難堪」、產量低的窘況，所產鹽不僅「色白而鹹」，而且「用功甚少」，產量大為提高。製瓦技術的傳入，結束了台灣磚瓦來自大陸的局面，為修造衙署，建築學校、

---

〔註 14〕「台灣總督官房調查課」：《台灣在籍漢民族鄉貫別調查》，臺北：台灣時報發行所 1928 年版，第 4～5 頁。

廟宇,以及改善民居提供了保證。

從語言上看,台灣漢人所使用的語言是與閩粵兩省一樣的閩南話和客家話。明清以來的閩粵漢族移民,從其移出並帶來了漢語的閩南方言和客家方言,成為台灣漢人的通用語,並且一直沿用至今。數百年來,閩南方言和客家方言無論在語音形態還是語言的內部結構上都沒有發生多大變化,也沒有演化成為另一種方言。今天台灣的閩南話和泉州、漳州、廈門一帶的閩南話之間已有細微差別,但彼此交談並沒有什麼困難。這種狀況就如同泉州腔和漳州腔之間,雖然有一點差別,但都屬於閩南話;客家話的情況也是一樣。不僅如此,台灣使用的文字也是和大陸主要文字一樣的方塊漢字,所不同的是,台灣現在仍使用繁體豎排字,大陸則於解放後使用更加方便的簡體字。

從風俗習慣上看,台灣漢人的生活習俗、歲時節慶與大陸祖籍地基本一致。在衣、食、住方面,台灣與大陸東南沿海地區沒有什麼不同。舊時,台灣居民所需衣物,多從大陸內地輸入,紡織多自江浙,布匹來自閩南,羽毛則從粵東運來。台灣地區的飲食習俗與福建較為相近,以稻米為主食,番薯為輔食,兼吃麵食等。烹調多湯汁、調味喜甜、清淡鮮美,做菜講究使用老湯。台灣住居的樣式,多沿襲閩南漳、泉式樣,建築材料也大多來自福建,木料多採自福建閩江上游,磚瓦則取自漳、泉,住居的內部安排也與大陸基本相同。台灣民間婚、喪、喜、慶的禮儀、音樂、飾物乃至棺木、冥紙等,與閩、粵兩省幾乎一模一樣。台灣漢族移民的歲時節慶,如清明掃墓祭祖;端午吃粽子、插蒲艾、賽龍舟;中元節(農曆七月十五日)放水燈;中秋吃月餅、賞月亮;重陽登高賞菊;春節貼春聯、給壓歲錢;元宵賞燈、吃湯元等,都與源自大陸祖籍地的節慶相同。因此,《東瀛識略》說:「臺民皆徙自閩之漳州、泉州,粵之潮州、嘉應州,其起居、服食、祀祭、婚喪,悉本土風,與內地無甚殊異。」〔註15〕

從文化上看,台灣文化實質就是漢文化的延伸。明清以來,大陸漢人大量移居台灣,必然將漢文化帶到台灣。明鄭時期,鄭經在諮議參軍陳永華的建議下,將大陸的教育和科舉制度移植到台灣。鄭氏政權在台灣建孔廟,設「太學」,辦學校,聘請大陸通儒者赴臺執教;參照大陸科舉制度,每三年舉行一次「州試」,州試入選者再經府試、院試,考中者入太學,太學生每三年一大試,擇其成績優秀者入朝為官。漢文化在鄭氏政權的扶植下,在台灣得

〔註15〕 丁紹儀:《東瀛識略》,臺北:大通書局有限公司 1995 年版,第 32 頁。

到了較大的發展。清朝統一台灣後，漢文化在台灣又得到了進一步的發展和普及。台灣地方政府依照大陸學制，設府學、縣學，民間則設立社學、義學、私塾、書院。所有這些學校，祀孔孟、尊理學，灌輸儒家思想；以「明大義、端學規、務實學、崇經史、慎交遊」作為學生治學為人的準則；教學內容都由淺入深地授以《三字經》、《論語》、《大學》、《中庸》、《孟子》等儒家經史典籍。到 19 世紀中葉，台灣與大陸在文化上完全融為一體。1895 年日本殖民者侵佔台灣後，雖然竭力壓制漢文化，強制推行同化政策，試圖以日本文化取而代之；但是台灣漢人冒著生命危險，以各種形式傳承漢文化：一是辦書房以傳儒學，二是結詩社以礪氣節，三是開鸞堂以崇儒教，四是建祠堂以顯宗族。結果，這些做法不僅使日本殖民者以日本文化來取代漢文化的陰謀破產，而且使漢文化在台灣得到了較好的保存和沿襲。至今，台灣民眾的待人處事仍然是以儒學的倫理道德為基本準則。

　　民族心理認同是指該民族成員普遍具有的對本民族歸屬和感情依附的穩定的心理特徵。當他們與其他民族接觸的時候，往往從民族政策、民族利益等角度來觀察並比較本民族與其他民族的待遇、差異，一旦自我感覺本民族的利益受到擠壓，他們就會從內心深處產生相對受到壓抑和排擠的感覺。這時，他們的民族心理認同就十分強烈。〔註 16〕在弄清了民族心理認同概念之後，我們不難發現，移居台灣漢人的心理中都有強烈的祖根意識。在艱苦的拓墾歲月裏，大陸漢族移民思鄉戀家之情，通過對祖先的祭拜，使自己的心靈得到慰藉。他們的後人也通過祭祖來表達自己緬懷祖先、眷戀故土的強烈情感。特殊的移民經歷，使得移民及其後裔尤為注重自己的家族源流，表現出強烈的尋根意識和濃厚的宗族鄉土意識。在台灣，隨著人口的繁衍，許多姓氏漸漸發展為大族，他們仍然按照家鄉的傳統習俗，族親聚居，鄉親為鄰，在聚居地按照祖宗的習俗，修族譜，建祠堂，沿用祖籍的郡望、堂號，標榜自己的淵源流派，以示飲水思源，不忘宗親故土。日據時期，日本殖民者強制進行的以滅絕漢民族文化為目的的殖民同化政策，激起了台灣漢人的反抗，更是將原鄉意識發展成為包容更加廣泛的民族意識、祖國意識，祖根已不僅是家族的、原鄉的祖根，而且是民族的、祖國的祖根。對此，1939 年，日本殖民者也不得不承認：「關於本島人的民族意識問題，關鍵在其屬於漢民

―――――――――――――

〔註16〕 高永久：《論民族心理認同對社會穩定的作用》，中南民族大學學報（人文社會科學版），2005 年第 5 期。

族系統。漢民族向來以五千年的傳統民族文化爲榮，民族意識牢不可拔。屬於此一漢民族系統的本島人，雖已改隸四十餘年，至今風俗、習慣、語言、信仰等各方面卻仍沿襲舊貌；由此可見，其不輕易拋除漢民族意識。且其故鄉福建、廣東二省又和本島只有一衣帶水之隔，雙方交通頻繁，且本島人又視之爲父祖墳墓所在，深具思念之情，故其以支那爲祖國的情感難於拂拭，乃是不爭之事實。」〔註17〕

　　從宗教信仰上看，台灣各地大小寺廟林立，供奉的孔子、關公、禹王、魯班、媽祖、城隍等，無一不是中華聖賢。明清以來，大陸漢人大量移居台灣，途中風波險阻，新土瘴病肆虐、野獸橫行，嚴重危及生存。在巨大的環境壓力之下，移民往往攜帶祖籍寺廟的香火、符籤，乃至地方和家族的守護神，以求保祐。平安抵臺後，便立廟設祭，並在此後不斷回鄉拜謁祖廟，增修擴建。於是，大陸本來就神出多源的宗教和民間信仰便隨同移民足跡所到之處，傳遍全島。他們還在聚居地建造廟宇，供奉的就是其在祖籍地所供奉的神，如媽祖就是他們普遍信仰供奉的。此外，他們還供奉祖籍地一些帶有明顯地域色彩的神，如客家人供奉三山國王，惠安人供奉靈安尊王，南安人供奉廣澤尊王，同安人供奉保生大帝，安溪人供奉清水祖師，漳州人供奉開漳聖王等。他們還通過「分香」，將保護神從大陸請到台灣，如台灣各地的龍山寺，其神像就都是從福建晉江安海「分靈割香」請來的。至今台灣民眾在舉行宗教活動時，上香、獻酒、磕頭等祭拜儀式，與大陸閩粵兩省完全相同。

　　由上分析可知，明末以來移居台灣的閩粵漢人，在抵達台灣墾闢荒野的同時，也把他們原先固有的語言、生產方式、漢文化、風俗習慣、宗教信仰帶到了台灣，並世代相傳。大陸移民不僅去臺的時候是漢族，而且在台灣歷史發展的各個時期乃至日據時期，也同樣是漢族，從來就沒有變異成爲所謂的「台灣民族」。對此，日本駐台灣軍司令松井石根的 1935 年一則講話更可佐證，他說：「五百萬島民是漢民族，在過去擁有相當悠久的歷史和文化，現在雖因台灣歸日本領有而成爲日本國民，但他們根本的思想、文化，依然沿襲著漢民族的方式。如今，他們的祖先墳墓，中流以上者，均在福建、廣東。去年廣東發表的華僑調查，便將廣東渡來屬台灣籍民者均視爲華僑。因此，居住在台灣者，無論是福建人或是廣東人，今天表面上雖說是日本國民，但

---

〔註17〕 「台灣總督府警務局」：《台灣社會運動史——文化運動》，《序說》，臺北：創造出版社 1989 年版，第 2～3 頁。

由於其歷史的原因，大部分人卻並未懷有這種心理。尤其是島民大部分爲福建人，廣東人是少數，從福建來的人，腦子中根深蒂固的觀念就是：台灣是福建的領土，是福建人亦即漢民族的土地。故而其風俗習慣等等，仍舊沿襲漢民族多年的歷史傳統，且認爲他們的衣、食、住等所有方面，並不比日本差，自己甚至還佔有優勢。當然，伴隨著一般文化的進步，衣、食、住的狀態漸漸產生著變化，然而，上述觀念卻牢不可拔。語言方面也是如此，今日雖極力獎勵國語（日語），但要將他們當中固有的漢民族語言去掉，卻不是一件容易的事。」〔註18〕由此可見，日本侵略者雖然處心積慮地想使台灣漢人變成日本國民，但也不能否認台灣漢人就是漢民族的一部分。

既然「台灣民族論」違背歷史和現實，那麼，它怎麼會出現在 1928 年臺共的政治大綱中呢？我們認爲，「台灣民族論」是日共照搬列寧的民族殖民地理論的產物。

## 二、台灣共產黨政治綱領中的「台灣民族論」是日共照搬列寧的民族殖民地理論的產物

俄國十月革命勝利以後，列寧及其領導的共產國際十分關注東方各國民族解放運動。爲了摧毀帝國主義的殖民體系，組成國際反帝統一戰線，列寧站在世界無產階級革命的戰略高度，提出了殖民地民族解放運動是世界無產階級革命的同盟軍，共產國際和無產階級政黨應當支持殖民地人民的民族解放運動等重要內容的民族殖民地理論。這一理論成爲共產國際指導東方革命的理論基礎。

1920 年 7 月，在共產國際第二次大會上，大會通過了《關於共產國際第二次代表大會的基本任務的提綱》，決定將被壓迫民族與殖民地的解放運動作爲共產國際一項重要任務。因此，大會不僅要求「各國共產黨必須直接幫助附屬的或沒有平等權利的民族和殖民地的革命運動」〔註19〕；而且還要求各殖民宗主國的共產黨，「都必須無情地揭露『本國的』帝國主義者在殖民地所幹的勾當，不是在口頭上而是在行動上支持殖民地的一切解放運動，要求把本國的帝國主義者從這些殖民地趕出去，教育本國工人眞心實意地以兄弟般

---

〔註18〕〔日〕松井石根：《台灣統治四十年的回顧》，《東洋》（特輯號）昭和10年，第113～114頁。

〔註19〕《列寧全集》第 39 卷，北京：人民出版社 1986 年版，第 163 頁。

的態度來對待殖民地和被壓迫民族的勞動人民，不斷地鼓勵本國軍隊反對對殖民地人民的任何壓迫。」〔註20〕1922 年 11 月，在共產國際第四次大會上，大會通過了《東方問題綱領》。該綱領規定：「殖民地母國的各國共產黨必須擔負起殖民地無產階級革命運動，在組織上、精神上、物質上給予各種援助的任務。」〔註21〕1927 年 7 月，共產國際通過了由布哈林起草的《關於日本問題的綱領》，該任務綱領共 13 項，其中規定「（日本）共產黨必須與日本的殖民地的解放運動建立緊密的聯繫，並給予他們一切思想上和組織上的支持。」〔註22〕臺共就是在上述背景下，由殖民宗主國的日共協助成立的。

　　1927 年 12 月，日共中央就臺共成立之事，專門召集臺共建黨骨幹林木順和謝雪紅前往東京，對他們的建黨工作進行指導。1928 年 1 月，渡邊政之輔、德田球一等日共領袖以林木順、謝雪紅提供的資料爲基礎，共同起草了臺共的「政治大綱」與「組織大綱」，〔註 23〕然後交給了林木順和謝雪紅，並告訴他們以「日共台灣民族支部」的名義成立臺共。於是，日共起草的臺共政治大綱就到了臺共創始人的手中。對此，日共領導人佐野學在被捕後的訊問書中也說：「1927 年 12 月末或 1928 年 1 月初，一位台灣人同志來拜訪渡邊，就民族支部的形式交換意見。我與那位同志會面，渡邊以那位同志所提出來的資料爲基礎，撰成政治、組織綱領草案，我也就政治綱領草案交換了意見。」〔註24〕由此可知，臺共重要的政治大綱和組織大綱的擬定是在日共指導之下完成。1928 年 4 月 15 日，臺共在上海正式成立，會上討論通過的政治大綱，已由翁澤生翻譯成白話文。後來，日本警視廳出示的證據也表明：「關於台灣民族問題的政治綱領，在（日共幹部）市川正一那裡發現的『政治大綱草案』，與去年（1928 年）4 月上海總領事館檢舉台灣共產黨之際所沒收的『政治大綱』內容幾乎相同。」〔註25〕也就是說，臺共政治大綱

〔註20〕《列寧全集》第 39 卷，北京：人民出版社 1986 年版，第 201 頁。

〔註21〕〔匈〕貝拉‧庫恩：《共產國際文件彙編》第一冊，北京：生活‧讀書‧新知三聯書店，1965 年版，第 451 頁。

〔註22〕〔日〕日本共產黨史資料委員會編、林放譯：《共產國際關於日本問題方針、決議集》，北京：世界知識出版社 1960 年版，第 24 頁。

〔註23〕謝雪紅口述、楊克煌筆錄：《我的半生記》，臺北：楊翠華出版 1997 年版，第 236 頁。

〔註24〕〔日〕山邊健太郎：《佐野學予審訊問調書》，《現代史資料20〈社會主義運動〉（七）》，東京：みすず書房 1968 年版，第 253 頁。

〔註25〕〔日〕山邊健太郎：《現代史資料22〈台灣〉（二）》，東京：みすず書房 1971

基本上只是日共提供的政治大綱草案的轉譯而已。由此可見，所謂的「台灣民族論」，其始作俑者，並不是臺共，而是日共。臺獨分子宣稱臺共是「台灣民族論」的發明者，顯然是有悖於歷史事實的。

日共為什麼會在臺共綱領中提出「台灣民族」的觀點？我們認為，這主要是受了列寧的民族殖民地理論的影響。在帝國主義時代，由於歐美列強壓迫其他民族已成為普遍現象，因此，列寧提出了將全世界劃分為壓迫民族和被壓迫民族兩大陣營的重要思想。他說：「帝國主義的特點，正如我們所看到的那樣，就是現在全世界已經劃分為兩部分，一部分是人數眾多的被壓迫民族，另一部分是少數幾個擁有巨量財富和強大軍事實力的壓迫民族」〔註 26〕。為此，他告誡國際共產主義者，特別是擁有殖民地國家的共產黨人，不應忘記「殖民地人民也是民族，誰容忍這種『健忘精神』，誰就是容忍沙文主義。」〔註 27〕當然，就絕大多數殖民地、半殖民地民族國家來說，列寧將世界劃分為壓迫民族與被壓迫民族的論斷無疑是正確的。由於當時台灣處在日本的殖民統治之下，台灣人民深受日本殖民者的剝削與壓迫，根據這一事實，所以日共機械地照搬列寧的民族殖民地理論，將台灣社會劃分為壓迫民族與被壓迫民族，即日本民族和「台灣民族」。然而，台灣作為日本殖民地，卻有著它自身的特殊性（它不是一個獨立社會，更不是以獨立的國家與民族被殖民地化，不像殖民地朝鮮、印度那樣），台灣是日本帝國主義憑藉不平等條約從中國分割出去的，台灣人民是中華民族的一部分，它不同於一般的殖民地人民。日共正是忽視了台灣的特殊性而生搬硬套列寧的民族殖民地理論，從而犯了教條主義的錯誤。由於臺共是日共的一個民族支部，忠實執行日共的各項指示是它的義務，這就是臺共接受日共提供政治大綱中的「台灣民族論」主張的緣由所在。

1980 年，臺共領導人蘇新在其未發表的遺稿《關於臺獨》一文中，以當事者的身份，解釋並說明了當年臺共政治綱領中「台灣民族」所指為何？他說：「我們這裡說的『台灣民族』，指的是居住在台灣的『漢民族』和『高山族』，並不是指別的什麼『台灣民族』。因為世界各民族中，不論是政治學上，或人類學上，從來也沒有聽說過有什麼『台灣民族』這個名詞。」〔註 28〕為

年版，第 137 頁。

〔註 26〕《列寧全集》第 39 卷，北京：人民出版社 1986 年版，第 229 頁。

〔註 27〕《列寧全集》第 28 卷，北京：人民出版社 1990 年版，第 157 頁。

〔註 28〕蘇新：《未歸的臺共鬥魂》，臺北：時報文化出版企業有限公司 1993 年版，第

了避免人們對 1928 年臺共政治綱領中「台灣民族」的說法誤解，1931 年，臺共再重新制定政治綱領時，便取消了「台灣民族」的說法。對此，蘇新又說：「『台灣民族獨立』這個詞，嚴格推敲起來，在字義上可能會引起誤解，被誤認為是指一種民族叫做『台灣民族』的獨立。所以我們第二次（1931 年綱領）討論這個綱領的時候，作了一些修改，把『台灣民族獨立』改為『台灣獨立』，刪去『民族』二字。」〔註 29〕

　　台灣人民作為中華民族的一分子，無論過去或是現在，都沒有變異成為所謂的「台灣民族」。「台灣民族論」是日共生搬硬套列寧的民族殖民地理論而製造出來的，並不符合台灣的社會實際。日共提出「台灣民族論」的本意，是為了幫助台灣人民爭取民族（日本帝國主義侵佔台灣地區的中華民族）解放，是針對殖民宗主國日本帝國主義而不是中國，臺獨分子有意套用日共「台灣民族論」來叫囂台灣獨立，分裂祖國，顯然是對歷史的歪曲或無知。

## 第二節　「台灣獨立」的真實內涵

　　20 世紀 20 年代末 30 年代初，臺共為了反抗日本的殖民統治，曾經在臺共政治大綱中提出了「台灣獨立」、「建立台灣共和國」等鬥爭口號。然而，一些「臺獨」理論家卻往往無視臺共反日獨立運動認同中國的祖國觀念和目標取向，而將這一運動曲解為「臺獨」的前期歷史，並把這些鬥爭的口號加以斷章取義的篡改和歪曲，妄圖以此為自己分裂祖國的罪惡圖謀尋找歷史的根據，混淆視聽，欺騙民眾。

　　1989 年臺獨學者盧修一在《日據時期台灣共產黨史》一書中寫道：「1972 年初，我在巴黎一個偶然的機會裏，看到了日本人山邊健太郎主編的兩本有關日據時期台灣政治運動的史料集，赫然發現 20 年代的台灣人組織了共產黨，而且在距離今天的六十年之前，就已經提出了台灣獨立、建立台灣共和國的明確主張。這個發現非常有刺激性也非常有意義，因為那個時候，我的政治理念已經很清楚地指向同樣的目標。……希望能把六十年前的這段台灣歷史，跟現代的台灣人追求自由解放的運動做一個結合」。〔註 30〕另一位臺

263～264 頁。

〔註 29〕蘇新：《未歸的臺共鬥魂》，臺北，時報文化出版企業有限公司 1993 年版，第 264 頁。

〔註 30〕盧修一：《日據時期台灣共產黨史》，臺北：前衛出版社 1989 年版，自序。

獨理論家陳芳明則在《殖民地台灣》一書中說：「……而臺共則提出『台灣
民族』、『台灣革命』、『台灣獨立』的主張。即使是從今天的眼光來看，臺共
的政治綱領仍然具有強烈的震撼性。從 1920 年代迄今，台灣社會發展的方
向，幾乎就是沿著塑造台灣民族、台灣獨立的路線前進。」〔註31〕爲了澄清
事實，筆者願秉承以史爲證的史學原則，徵引相關的歷史文獻資料，對臺共
政治綱領中的「台灣獨立」的眞實內涵作出科學的詮釋和評價。

## 一、台灣共產黨提出「台灣獨立」主張的歷史背景

19 世紀末，當資本主義發展到帝國主義階段，帝國主義列強掀起了瓜分
世界的狂潮，亞、非、拉美等許多國家和地區先後淪爲歐美列強的殖民地。
20 世紀初，世界領土已被少數帝國主義列強瓜分完畢，整個世界已經劃分爲
兩部分：一部分是經濟落後、人數眾多的被壓迫民族，另一部分是少數擁有
巨額財富和強大軍事實力的壓迫民族。全世界形成了極少數大國對世界大多
數居民實行殖民壓迫和金融扼制的帝國主義殖民體系。殖民主義、帝國主義
的瘋狂掠奪和剝削，使得殖民地、半殖民地國家和地區經濟發展停滯，人民
生活極端困苦，帝國主義同被壓迫民族之間的矛盾成爲當時的基本矛盾之
一。於是，反對帝國主義的民族解放運動便成爲帝國主義時代一股強大的歷
史潮流。

面對世界被壓迫民族的苦難，列寧站在時代的前列，從當時世界民族殖
民地問題及沙皇俄國民族矛盾尖銳的現實狀況出發，在《民族問題提綱》、《論
民族自決權》、《社會主義革命和民族自決權》、《關於自決問題的爭論總結》
等一系列文章中，提出了「民族自決權」原則。在不同時期，他一貫將民族
自決權解釋爲被壓迫民族有同壓迫民族完全分離的權利，有成立獨立民族國
家的權利。1913 年，列寧在《民族問題提綱》一文中指出：「對我們綱領中
關於民族自決的那一條，除了從政治自決，即從分離和成立獨立國家的權利
這個意義上來解釋以外，我們決不能作別的解釋」。〔註32〕1914 年，列寧在
《論民族自決權》中強調：「所謂民族自決，就是民族脫離異族集合體的國家
分離，就是成立獨立的民族國家。」〔註33〕「從歷史——經濟的觀點看來，

〔註31〕陳芳明：《殖民地台灣》，臺北：麥田出版股份有限公司 1998 年版，第 216 頁。
〔註32〕《列寧全集》第 23 卷，北京：人民出版社 1990 年版，第 329 頁。
〔註33〕《列寧全集》第 25 卷，北京：人民出版社 1988 年版，第 225 頁。

馬克思主義者的綱領中所談的『民族自決』，除了政治自決，即國家獨立、建立民族國家之外，不可能有什麼別的意思。」〔註34〕1916年3月，列寧在《社會主義革命和民族自決權》中又再次強調：「民族自決權只是一種政治意義上的獨立權，即在政治上從壓迫民族自由分離的權利。具體說來，這種政治民主要求，就是有鼓動分離的充分自由，以及由要求分離的民族通過全民投票來決定分離問題。因此，這種政治民主要求並不就等於要求分離、分裂、建立小國，它只是反對任何民族壓迫的鬥爭的徹底表現。」〔註35〕

　　20世紀初，帝國主義的世界殖民體系已經建立，壓迫民族和被壓迫民族的矛盾更加尖銳。帝國主義對殖民地的掠奪和壓迫，勢必激起被壓迫民族人民的反抗。而被壓迫民族的解放鬥爭，必然會加劇和擴大整個資本主義世界的危機，它是從帝國主義的後方打擊帝國主義，動搖帝國主義統治基礎的偉大力量，是無產階級革命的可靠同盟軍。對於被壓迫民族爭取解放的鬥爭在推翻國際帝國主義總鬥爭中的重大革命作用，列寧作了充分的估計。他認為，「作為反帝鬥爭中的一個獨立因素的弱小民族，是幫助反帝的真正力量即社會主義無產階級登上舞臺的一種酵母、黴菌」〔註36〕，殖民地半殖民地民族解放鬥爭是「世界一般民主主義（現在是一般社會主義）運動中的一個局部」〔註37〕。因此，列寧要求無產階級政黨必須支持被壓迫民族的解放運動，1915年，他在《和平問題》一文中指出：「壓迫民族（英、法、德、日、俄、美等國）的任何一個社會黨人如果不承認和不堅持被壓迫民族有自決權（即自由分離權），他實際上就不是社會主義者，而是沙文主義者。」〔註38〕不僅如此，他還進一步強調：「社會黨人不但應當要求無條件地、無代價地立即解放殖民地，——而這個要求在政治上的表現只能是承認自決權；社會黨人還應當最堅決地支持這些國家的資產階級民主的民族解放運動中最革命的分子，幫助他們舉行起義，——如有機會，還要幫助他們的革命戰爭——，反對壓迫他們的帝國主義列強。」〔註39〕

　　在列寧的民族自決權原則影響下，日共堅持無產階級國際主義，堅決支

---

〔註34〕　《列寧全集》第25卷，北京：人民出版社1988年版，第228頁。
〔註35〕　《列寧全集》第27卷，北京：人民出版社1990年版，第257頁。.
〔註36〕　《列寧全集》第28卷，北京：人民出版社1990年版，第54頁。
〔註37〕　《列寧全集》第28卷，北京：人民出版社1990年版，第38頁。
〔註38〕　《列寧全集》第26卷，北京：人民出版社1988年版，第316頁。
〔註39〕　《列寧全集》第27卷，北京：人民出版社1990年版，第263頁。

持日本殖民地人民的自決權利，盡力使日本殖民地（如台灣、朝鮮）脫離日本宗主國而獨立。1922 年 7 月，日共在成立大會上討論通過的《日本共產黨綱領草案》，雖然沒有關於殖民地問題的專門論述，但在對外關係方面提出了「放棄一切對外干涉的企圖」、「撤退駐在朝鮮、中國、台灣和庫頁島等地的一切軍隊」﹝註40﹞的要求。1926 年 12 月，日共第三次代表大會通過了《日本共產黨綱領》當中，明文規定：「以促進日本統治下的殖民地獨立為黨的任務」﹝註41﹞1927 年 7 月，共產國際通過了由布哈林起草的《關於日本問題的綱領》，該任務綱領共 13 項，其中一項是推動「殖民地完全獨立」﹝註42﹞。正是在共產國際推動「殖民地獨立」的要求下，因此，1928 年臺共政治大綱中和 1931 年臺共政治大綱中就分別出現了「台灣民族獨立、建立台灣共和國」﹝註43﹞和「顛覆（日本）帝國主義統治、台灣獨立」﹝註44﹞的主張。

## 二、台灣共產黨政治綱領中「台灣獨立」主張的真實內涵

　　「臺獨」，從字面上解釋，就是「台灣獨立」的簡稱。然而，我們要真正認清「臺獨」的本質，就要根據當時的歷史背景來分析，一是看它主張從哪裏分離出去；二是看它分離出去要幹什麼。只有這樣，我們才能對「臺獨」本質有準確的把握，從而分清它是愛國的還是賣國的，把「臺獨」理論家從歷史中尋找存在合理性的企圖真正擊破，才能有利於人們準確有力地與「臺獨」分子進行堅決的鬥爭。

　　下面筆者擬從三方面來對臺共政治綱領中「台灣獨立」的真實內涵進行分析：

　　第一，臺共政治綱領中「台灣獨立」主張的目的就是為了團結廣大的台灣人民，打倒日本帝國主義。1980 年，臺共領導人蘇新在《關於「臺獨」問題》一文中，以當事者的身份，就當年臺共主張「台灣獨立」的目的作了說

﹝註40﹞〔日〕日本共產黨史資料委員會編、林放譯：《共產國際關於日本問題方針、決議集》，北京：世界知識出版社 1960 年版，第 4 頁。

﹝註41﹞史明：《台灣人四百年史》，臺北：蓬萊島文化公司 1980 年版，第 575 頁。

﹝註42﹞〔日〕日本共產黨史資料委員會編、林放譯：《共產國際關於日本問題方針、決議集》，北京：世界知識出版社 1960 年版，第 25 頁。

﹝註43﹞「台灣總督府警務局」：《台灣社會運動史——共產主義運動》，《台灣共產黨的組織、綱領及諸政策》，臺北：創造出版社 1989 年版，第 14 頁。

﹝註44﹞「台灣總督府警務局」：《台灣社會運動史——共產主義運動》，《台灣共產黨第二次臨時大會》，臺北：創造出版社 1989 年版，第 170 頁。

明。他說：「當年，台灣是日本的殖民地，日本人是統治民族，台灣人是被統治民族。日本人對台灣人民的政治壓迫、經濟剝削、民族歧視非常殘酷。當時的台灣，階級矛盾和民族矛盾，兩相比較，民族矛盾是主要矛盾。當年，我們是這樣分析台灣社會的。所以把當年的台灣革命的性質規定爲：反對帝國主義和封建主義的『民族民主革命』，目的是『打倒日本帝國主義』、『台灣獨立』。……而且經過實踐證明：『打倒日本帝國主義』、『台灣獨立』是最符合當年台灣各階層人民的要求，是當年台灣革命運動最廣泛的統一戰線的最集中的政治口號。這個口號，除了大地主、大資本家、漢奸外，台灣的民族資產階級、中產階級、小資產階級、工人、農民以及一般勞動者，都可以接受。」〔註45〕

　　第二，臺共政治綱領中「台灣獨立」主張的實質是根據無產階級革命理論指導下的民族解放思想，要使台灣從日本殖民統治下獨立出來，建立台灣蘇維埃共和國。對此，蘇新對臺共「台灣獨立」的主張作了明確的解釋。他說：「當時的所謂『獨立』，當然是指『脫離日本帝國主義的統治』，自己成爲『獨立的國家』。當年共產國際領導下的任何殖民地的革命鬥爭都是採取這個方針的。」〔註46〕由於當時中國處在國民黨反動統治之下，所以臺共無法提出台灣歸還中國的主張，而只能接受共產國際的指示，制定了台灣民族民主革命的政治綱領，提出打倒日本帝國主義、台灣獨立、建立台灣共和國和蘇維埃政權等口號。

　　第三，臺共政治綱領中「台灣獨立」主張的最終目標取向是回歸中共領導下的中國。眾所周知，甲午戰後，台灣的殖民地化，不是以一個獨立社會，更不是以獨立的國家與民族被殖民地化；而是作爲中國的一部分而割讓出去的殖民地。因此，台灣和其他殖民地有所不同，就在於它不曾亡國，而隔海遙企著一個殘破半殖民地化了的、具體存在的祖國。這是殖民地台灣和世界上當時許多殖民地不同的重要歷史特質。因此，台灣的民族解放運動，不是恢復原未曾存在的獨立這樣一個問題，而是祖國復歸的問題。既然如此，那麼臺共爲什麼沒有在政治綱領中提出台灣復歸中國的口號呢？對此，蘇新說：「打倒日本帝國主義以後，台灣應不應該歸還中國，舊臺共的人並不是

<hr/>

〔註45〕蘇新：《未歸的臺共鬥魂》，臺北：時報文化出版企業有限公司1993年版，第265頁。

〔註46〕蘇新：《未歸的臺共鬥魂》，臺北：時報文化出版企業有限公司1993年版，第265頁。

沒有考慮過。問題是：台灣要歸還什麼樣的中國？打倒日本帝國主義，這是革命，但革命以後，建立什麼樣的政權，這才是重要的，是建立地主資產階級政權，還是建立工農政權？當時，整個中國正由地主買辦資產階級和帝國主義代理人蔣介石統治著，中國人民正在進行『打倒國民黨』的人民革命戰爭。在那樣的情況下，在台灣的共產黨人能提出『台灣歸還地主資產階級統治的舊中國嗎』？當時，舊臺共只能提出『支持中國共產黨』（即擁護打倒蔣介石），『擁護中國革命』。至於台灣能不能歸還中國，什麼時候歸還中國，那是中國革命成功以後的事情。但思想上是有『台灣歸還中國』的準備。因此，建立政權時就考慮到採取和『中華蘇維埃政府』同樣的建制（第二個綱領），這一點非常重要。」〔註47〕

由上分析可知，1895年台灣的殖民地化，並不是一個來自獨立民族的殖民地化。台灣在日帝下的殖民地化，是中國在帝國主義時代全面半殖民地、半封建化的總過程的殖民地化。因此，殖民地台灣的反日民族、民主鬥爭的歷史，是全中國反對帝國主義和反對封建主義的鬥爭歷史的重要組成部分。由於當時祖國大陸處在反共的國民黨政府反動統治之下，所以臺共無法提出台灣回歸祖國的主張。為了將台灣從日本帝國主義的殖民統治下解救出來，臺共根據列寧民族自決權原則，結合台灣的實際情況，在政治綱領中提出了「台灣獨立」的口號，其目的是要打倒日本帝國主義，希望藉此先自我解放，然後，待中共在大陸的革命取得勝利後，再回歸祖國。這一主張是適應這一特定歷史時期、特定歷史任務的需要，是中華民族解放事業的重要組成部分，是實現祖國統一的必要步驟。它與今天「臺獨」分子叫囂的「臺獨」是「兩股道上跑的車」，從內容到實質都是完全不同的。當年加入臺共，後移居美國的郭德欽先生，1986年曾就臺共當年「台灣獨立」提出的口號與今日「臺獨」主張的本質區別發表過談話，他說：「我們本想聯合中國的革命力量來反抗日本，但中國本身軍閥割據，內戰不已，所以轉而想利用當時國際上盛行的『殖民地獨立』的思潮，想聯合各弱小民族，反抗日本帝國主義，使台灣先從日本殖民統治下獨立出來再回歸中國。他們（指今日的『臺獨』運動）的想法，是和我們當時的想法不一樣的。他們經常曲解我們的提法，而且他們自己的目標是不可能達到的，因為他們自己沒有力量，如果借外國

---

〔註47〕蘇新：《未歸的臺共鬥魂》，臺北：時報文化出版企業有限公司1993年版，第266頁。

的力量，那到頭來也是再次淪爲人家的奴隸，哪裏是獨立！」〔註 48〕1989年編譯臺共檔案史料創造出版社就明確指出：「當年臺共的獨立口號，實際上只是共產國際所訂全球殖民地解放運動的共同題目之一，乃爲了深化帝國主義內部危機而發出的策略性訴求。因此，臺共人士的獨立口號，再加朝鮮共產黨的獨立口號，目的同在於瓦解日本帝國主義的殖民地支配體制，而與其中華民族意識毫無牴觸。在日本統治當局的瞭解中，此一情形（即中華民族意識）始終清晰而確定。沿革志中的資料頗能顯示出這一點。」〔註 49〕因此，一些「臺獨」分子妄圖把水攪渾，企圖從臺共政治綱領中撈到稻草，爲其「臺獨」活動製造輿論，其陰謀是永遠不能得逞的。

　　那麼，當時中共對臺共政治大綱中「台灣獨立」的主張採取了什麼態度呢？據我們現在掌握的資料來看，中共既沒有正式聲明贊同，也沒有正式表示反對。20 世紀 20～30 年代，在整個國際共產主義運動中，把馬克思主義教條化，把共產國際的決議和蘇聯經驗神聖化的傾向十分嚴重，當時還處於幼年期的中共的主要領導人對共產國際的決議當然只能忠實地執行。由於臺共的政治大綱是日共依據共產國際指示精神起草的，作爲共產國際的一個支部的中共對此當然不能反對。同樣，臺共作爲日共的民族支部，不折不扣地執行上級黨組織的決議，也是它的義務。另外，在當時的歷史條件下，日本殖民者對台灣的佔領，有不平等的《馬關條約》作爲護符，積貧積弱而陷於軍閥混戰漩渦的中國，既無力收復台灣，又不能公開提出對台灣的領土主權要求。因此，中國大陸和台灣的革命者，充其量只能希望台灣盡早擺脫日本帝國主義的殖民統治，實現自由解放。至於脫離日本殖民統治後台灣的前途那是下一階段事情，而此後國際國內局勢的發展變化，也不是他們所能預料得到的。這一時期中共和臺共在台灣民族解放運動中的主要目標，集中於擺脫台灣的殖民地地位，其他一切的策略、主張，都不過是爲達到這一目標的手段罷了，他們支持日共所提供的政治大綱內容的出發點，亦僅此而已。到了抗日戰爭時期，中國正式對日宣戰，公告廢除中日間包括《馬關條約》在內的所有不平等條約後，打倒日本帝國主義，收復祖國領土台灣，便公開成爲他們眞正唯一的抉擇。

---

〔註 48〕　鄭新河：《少時馳正義，老來話滄桑——訪旅美臺胞郭德欽先生》，《臺聲》，
　　　　　1986 年第 6 期。

〔註 49〕　「台灣總督府警務局」：《台灣社會運動史——文化運動》，《譯序》，臺北：創
　　　　　造出版社 1989 年版，第 4 頁。

### 三、台灣共產黨黨員用行動再次證明了「台灣獨立」主張的真實內涵

　　臺共政治綱領中的「台灣獨立」主張實質是指台灣擺脫日本帝國主義統治的「獨立」，並非要從祖國、從中華民族大家庭之中「獨立」出去，也不是將台灣置於國民黨反動統治之下，而是希望藉此先自我解放，然後，待中共在大陸的革命取得勝利後，再回歸祖國。以謝雪紅、林木順、翁澤生、蘇新、楊克煌等爲代表的臺共黨員用自己的壯麗言行毫不含糊地證明了這一點，並爲之奮鬥終身。

　　1925 年 5 月，五卅反帝愛國運動爆發，謝雪紅、林木順等台灣愛國青年在杭州積極投身於此項運動。當杭州的愛國群眾憤怒地提出了「收回租界」、「收回領事裁判權」、「取消一切不平等條約」等反帝口號時，可是竟然聽不到一句收復台灣的呼聲，因此，謝雪紅便按耐不住滿腔愛國愛臺的激情，與林木順一起給《浙江日報》寫信說：「愛國同胞啊！豈不是把台灣給忘了？爲什麼只提出收回租界、收回海關、收回領事裁判權、收回一切不平等條約，而卻沒有提到要收回台灣啊？」〔註50〕第二天，該報就刊登了「不忘，不忘，不忘……」的大字標題回應了謝雪紅與林木順的這封信。此後，無論在報刊、宣傳單、牆報，還是在遊行的小旗幟上，宣傳口號都增加了「收回台灣」這一條。〔註51〕這充分說明了謝雪紅、林木順等人在參加反帝鬥爭過程中，已自覺地把台灣的命運與祖國的命運緊緊地聯繫在一起，並堅定而鮮明地維護了台灣屬於中國領土這一重要原則立場。1930 年 3 月，當中共參與指導下的台灣青年團在上海大夏大學召開大會時，臺共負責人翁澤生在會上提議進一步組織在上海的台灣青年學生，「使其參加中國的反帝國主義鬥爭，並施予實踐的訓練，以社會科學研究來提高他們對理論的掌握，喚起他們特別注意台灣問題，並加強其組織，一方面支持中國的革命運動，同時亦以培養台灣的革命鬥士爲目的。」〔註52〕這表明臺共已將台灣的民族解放運動與大陸的民族解放運動聯爲一體。

〔註50〕謝雪紅口述、楊克煌筆錄：《我的半生記》，臺北：楊翠華出版 1997 年版，第 169 頁。

〔註51〕謝雪紅口述、楊克煌筆錄：《我的半生記》，臺北：楊翠華出版 1997 年版，第 169 頁。

〔註52〕藍博洲：《日據時期台灣學生運動》，臺北：時報文化出版企業有限公司 1993 年版，第 177～178 頁。

　　1932 年 4 月，臺共在日警全面鎮壓中潰滅。除個別臺共黨員逃亡大陸之外，絕大多數臺共黨員都被捕入獄。1945 年，抗戰勝利後，台灣在《開羅宣言》的基礎上回到了祖國懷抱。此時相繼出獄的老臺共黨員不僅沒有人主張「台灣獨立」，而且都紛紛反對戰後分離主義「臺獨」運動。1947 年，老臺共黨員在對台灣前途問題上的鮮明態度再一次證明了這一點。1947 年 3 月，謝雪紅、楊克煌等老臺共黨員爲了推翻國民黨在台灣的反動統治，在臺中領導了「二二八」起義。起義失敗後，1947 年 7 月，他們到了香港，組織了「台灣問題研究會」，在當時關於台灣前途的大辯論中，戰後「臺獨」勢力的代表廖文毅提出台灣應由「國際託管，公民投票」的主張，妄圖把台灣從中國分離出去。在這一關鍵時刻，在這一大是大非面前，以謝雪紅、楊克煌、蘇新爲首的一批老臺共成員奮起痛擊，先後發表了《新台灣》、《明天的台灣》、《自治與正統》、《美國陰謀託管，臺人堅決反對》、《提防臺奸》、《台灣人民之出路》、《憤怒的台灣》等文章，揭露、抨擊廖文毅等臺獨分子的「台灣國際託管」和「台灣獨立」政治陰謀，堅決主張台灣應回歸新中國，恢復歷史上台灣屬於中國一個省份的地位，接受中共的領導，堅決維護祖國的統一。

　　1948 年 5 月，蘇新用邱平田的筆名，在《台灣人民之出路》一文中，對廖文毅等臺獨分子搞分離主義「臺獨」運動進行了猛烈地抨擊。他說：「依靠美帝爭取台灣獨立，這一條道路，不但不能解放台灣，反而幫助美帝奪取台灣，促進台灣成爲美帝的殖民地。而且在中國人民的反帝反封建鬥爭進入了新階段的時候，在美帝授意之下，陰謀台灣獨立，這是分裂中國人民的民族統一戰線，破壞台灣解放運動的反動行爲。這條道路是台灣資產階級和地主階級，以及一些親美分子和政治流氓，爲了達成他們的野心的道路。這條道路的上面，還鋪裝得相當可觀（如一些改良主義和社會主義的政策），但道路下面暗設著許多陷阱，這是台灣人民的死路。」〔註53〕不僅如此，他還號召台灣人民在中共的領導下，進行新民主主義革命。他說：「我們相信，團結在毛澤東先生的新民主主義革命的旗幟之下，和全國人民連結在一起，配合大陸的人民戰爭，在台灣徹底地進行反美、反蔣的鬥爭，徹底地消滅美帝的侵略和蔣政權的統治，建立民主的省自治政府，徹底地實行土地改革，消滅一切的封建剝削，——這才是台灣人民的出路。這就是新民主主義的道

〔註53〕蘇新：《未歸的臺共鬥魂》，臺北：時報文化出版企業有限公司 1993 年版，第 232 頁。

路。」〔註54〕

　　1948年12月，當美國看到國民黨政權的滅亡已無法挽救的時候，便圖謀分離台灣，支持廖文毅等臺獨分子，搞所謂「台灣國際託管」和「台灣獨立」運動。對此，以謝雪紅為首的老臺共成員陸續發表了許多聲明、宣言、談話，揭露、抨擊美帝在台灣策劃的所謂「託管台灣」、「台灣獨立」的政治陰謀。1949年6月13日，謝雪紅就美帝國主義妄圖吞併台灣、策劃台灣獨立的陰謀發表談話，痛斥「台灣地位尚未確定」的謊言，她說：「有史以來，台灣就是中國領土的一部分，台灣人民也是中華民族的一部分。收復台灣，曾是中國人民多年來反對日本帝國主義的鬥爭的重要目的之一。中國人民有權收回被侵佔的領土，台灣回歸祖國版圖是理所當然的，而且《開羅宣言》、《波茨坦公告》均有明文規定。所謂在對日和約未簽訂前台灣的地位尚未確定，不過是侵略者卑鄙的謊言而已。我們要警告妄想吞併台灣的帝國主義分子：誰要想用武力來侵佔台灣，來奴役台灣人民，中國人民必將用對付日本侵略者的方法去對付他們。」她還說：「台灣人民的願望和美國所收買的那些民族敗類的叫囂完全相反。台灣人民50年來前仆後繼的流血鬥爭，其目的就是擺脫日寇的奴役，重回祖國的懷抱。台灣人民目前的革命目標是推翻美帝走狗國民黨的反動統治，廢除美帝國主義在台灣的一切侵略特權，在統一的中華人民民主共和國的大家庭中實現台灣人民的地方民主自治，建設新民主主義的新台灣。台灣人民將全力協助中國人民解放軍解放台灣。」〔註55〕這充分表現了其強烈的愛國主義精神和維護祖國統一的堅定立場。朝鮮戰爭爆發後，1950年6月27日美國總統杜魯門命令第七艦隊開赴台灣海峽，以阻止中國人民解放軍武力解放台灣。謝雪紅很快對美國的侵略行動表示了極大的憤慨和猛烈地抨擊，1950年6月29日，她發表題為《要求全國同胞奮起制止美帝侵略台灣》書面談話，她說：「帝國主義戰販的賊魁杜魯門二十七日的聲明，和他的嘍囉部隊在台灣海峽的出沒，十足暴露了美國帝國主義一貫的侵略方針。……所以全國人民，特別是台灣同胞應該一齊奮起，起來響應周總理的號召，以我們人民的力量來制止『美國帝國主義在東方的新侵略』，以人民的力量來保

〔註54〕　蘇新：《未歸的臺共鬥魂》，臺北：時報文化出版企業有限公司1993年版，第232頁。
〔註55〕　謝雪紅：《痛斥美帝侵臺陰謀，誰想用武力侵略台灣，中國人民必將用對付日本侵略者的方法去對付他們！》，《人民日報》1949年6月14日，第1版。

證『台灣屬於中國』這個『永遠不能改變』的事實。」〔註56〕

　　由老臺共黨員發起組織的台灣民主自治同盟（簡稱臺盟）積極響應中共「五一」號召，參加新政協活動，籌建新中國，並致力於新中國統一大業的工作之中。1948年4月30日，中共中央向各民主黨派、各人民團體及社會賢達發出「召開政治協商會議」、「成立人民聯合政府」的「五一」號召。1948年5月7日，臺盟立即發表《告台灣同胞書》，積極響應和擁護中共的「五一」號召。1949年3月，臺盟負責人謝雪紅、楊克煌、蘇新、王天強等人離港北上，到北平參加全國性的政治活動。1949年6月15日，謝雪紅以中國青年聯合會副主席的身份參加了中國人民政治協商會議籌備會議。會議決定，臺盟以一個黨派單位參加新政協。〔註57〕1949年9月21日，謝雪紅、楊克煌、王天強等五人作為正式代表出席中國人民政治協商會議第一屆全體會議，參與制定《中國人民政治協商會議共同綱領》和組建中央人民政府的工作。1949年9月23日，臺盟中央主席謝雪紅在中國人民政治協商會議第一屆全體會議上發言時，說：「這次召開的新政治協商會議，以及由這個會議將要組織起來的中央人民政府，將要宣告成立的中華人民共和國，是完全根據中國人民的要求和利益而產生出來的。670萬台灣人民，300多年來反對荷蘭、西班牙、日本等異民族的侵略壓迫，和反對國民黨反動派的封建買辦統治，不斷作流血犧牲的鬥爭，也就是為了這個目的。全台灣省人民完全擁護這個全國人民民主統一戰線組織的中國人民政治協商會議，完全支持這個由工人階級領導的、以工農聯盟為基礎的、人民民主專政的中華人民共和國中央人民政府，並完全同意這個中國人民政治協商會議的共同綱領。」最後她提出：「我們要求全國人民積極生產，積極支持前線，迅速解放台灣，解放全中國。」〔註58〕新中國成立以後，謝雪紅、王萬得、蘇新、潘欽信等一批老臺共黨員共同致力於新中國統一大業的工作之中。1950年9月18日，謝雪紅又發表名為《台灣是中國的領土，決不容美國侵略者染指！》重要談話，她說：「台灣是中國的領土，台灣人民是中國的人民。我們台灣人民自始至終要求重歸祖國懷抱，和祖國同胞共同生活，反對任何人為的分離，這是鐵

〔註56〕謝雪紅：《要求全國同胞奮起制止美帝侵略台灣》，《人民日報》1950年6月30日，第3版。

〔註57〕臺盟史略編委會：《臺盟史略》，北京：臺海出版社1997年版，第8頁。

〔註58〕仝祥順：《台灣民主自治同盟卷》，石家莊：河北人民出版社2001年版，第310頁。

一般的事實，決不是任何人所能否認，也不是任何力量所能改變的。尤其在今天全國大陸已基本上解放，祖國人民已有了自己的政權，和開始享受美好生活的時候，台灣省人民返回祖國的願望即更加迫切，意志亦更加堅決，絕不是像杜魯門之類的謊言與威脅所能歪曲或阻止得了的。……六月二十七日杜魯門的聲言，不過是將其原定侵略台灣的陰謀計劃公開暴露與進一步行動罷了。美帝國主義者派遣其海空軍侵入台灣，企圖以武力來阻止我們解放台灣，不但是直接侵犯我領土主權，危害全國人民、尤其是台灣省人民的利益，徹底破壞聯合國憲章的罪惡行為，並且是企圖進一步實現其侵佔我台灣省的陰謀。中國人民，尤其是台灣省人民，有權要求美國政府必須立即自台灣撤出其一切武裝軍隊，並加緊努力來支持解放台灣，擊破美帝侵略的野心與陰謀。台灣民主自治同盟代表我台灣省全體人民的意志與願望，堅決支持中華人民共和國中央人民政府外交部周恩來部長歷次所作的關於美國政府侵略台灣的聲明和抗議。台灣省人民以無比憤慨的情緒，誓必加緊團結起來，為反對美國侵略，為消滅蔣匪幫的反動統治和爭取台灣的早日解放而奮鬥到底。」〔註59〕

在臺共反日獨立運動中所產生的「台灣獨立」主張，是鑒於台灣從中國分割出去，成為日本統治的殖民地的事實，作為台灣的民族解放運動第一步提出來的。這個目標所反對的客體與近代中華民族運動反對的客體都是日本帝國主義，是當時最符合台灣各階層人民的政治訴求。臺共黨員的壯麗言行也對臺共的「台灣獨立」主張作了最清楚的注解，其最終目的是「驅逐日帝，脫離其統治歸返社會主義中國」。對此，前「臺盟」中央主席蔡子民在《台灣近代民族解放運動》一文中說：「臺共幸存者在台灣光復後從沒有人主張台灣獨立，臺共領導人如謝雪紅、王萬得、蘇新、潘欽信等都在新中國參加台灣和大陸的統一事業。這也說明臺共不是中國民族分離主義者，而是站在無產階級革命的反日民族解放立場的。」〔註60〕因此，「臺獨」分子蓄意扭曲臺共歷史，作為告別中國，建立台灣共和國的歷史根源是徒勞的。

---

〔註59〕謝雪紅：《台灣是中國的領土，決不容美國侵略者染指！》，《人民日報》1950
　　　　年9月18日，第1版。
〔註60〕蔡子民：《台灣史志》，北京：臺海出版社1997年版，第128頁。

# 第四章　台灣共產黨失敗原因探析

　　臺共從誕生到失敗大約存在 4 年時間，臺共爲什麼會失敗呢？臺獨學者簡炯仁認爲：「臺共如十月懷胎後的初生嬰兒，正想活躍於歷史舞臺時，卻陷入了來自父權（中國共產黨）與母權（日本共產黨）的產權爭奪戰中，就這樣在紛亂之際被失手掐死了。」〔註1〕事實是否果眞如此呢？筆者擬從共產國際「第三時期」理論與臺共「左」傾錯誤、日警的鎮壓、臺共自身的不成熟三個方面來對此問題進行論述。

## 第一節　共產國際「第三時期」理論與台灣共產黨「左」傾錯誤

　　眾所周知，20 世紀 30 年代初，在共產國際「第三時期」理論指導和影響下，臺共黨內出現嚴重的「左」傾錯誤，招來日本殖民者瘋狂地鎮壓，釀成了臺共失敗的悲劇。目前學術界對共產國際「第三時期」理論和臺共「左」傾錯誤的關係研究甚少，雖然有個別學者曾從側面涉及此事，但是也是語焉不詳。有鑑於此，筆者擬就這一問題，進行嘗試性探討，文中如有不當之處，敬請方家指正。

### 一、台灣共產黨「左」傾錯誤的根源：共產國際「第三時期」理論

　　1928 年 8 月，布哈林根據斯大林在聯共（布）第十五次代表大會上的報告精神，在共產國際六大作的《國際形勢和共產國際任務的提綱》報告中提

---

〔註1〕簡炯仁：《台灣共產主義運動史》，臺北：前衛出版社1997年版，封面。

出了戰後資本主義總危機發展的「第三時期」理論。這一理論，把第一次世界大戰後的世界革命形勢劃分為三個特定時期：第一時期從 1918 年到 1923 年，是資本主義制度陷於嚴重危機，無產階級採取直接革命行動的時期；第二時期從 1923 年至 1928 年，是資本主義制度漸趨穩定、資本主義經濟「復興」時期，也是無產階級繼續進行自衛鬥爭的時期；第三時期從 1928 年起，是各資本主義國家內部矛盾日益激烈、殖民地鬥爭日益發展、資本主義總危機不斷尖銳化，無產階級開始進行直接革命的時期。〔註2〕

　　1929 年 7 月，共產國際執委會第十次全會的政治決議案，又進一步發展和完善了「第三時期」理論。這次全會通過了《國際形勢和共產國際的當前任務提綱》，強調「第三時期」：「這個時期是資本主義總危機增長，帝國主義的內部和外部基本矛盾迅速加劇，從而必然導致帝國主義戰爭，導致大規模的階級衝突，導致各主要資本主義國家新的革命高潮發展，導致殖民地偉大的反帝國主義革命的時期。」〔註3〕

　　共產國際「第三時期」理論雖然看到了資本主義危機爆發的徵兆，揭示了資本主義發展的總趨勢，起到動員各國無產階級和被壓迫民族反對資本主義、反對帝國主義的作用，但沒有深入闡述資本主義發展的本質特徵，沒有對資本主義社會的基本矛盾和階級力量對比作出科學的分析，因而對資本主義垂死的長期性和複雜性估計不足，誇大了世界無產階級的覺悟程度和革命力量的增長速度，把僅在部分國家興起的工人運動和民族解放運動看成是全世界範圍內普遍的革命高潮。因此，它的基本思想是「左」傾的，對形勢的判斷是錯誤的。

　　由於共產國際「第三時期」理論，認定第一次世界大戰後資本主義總危機已經到來，工人運動、民族解放運動出現世界性的革命高潮，是實現世界革命的有利時期。因此，共產國際向各國共產黨提出三項基本任務：（1）在各國無產階級反對資產階級、殖民地反對帝國主義的鬥爭中，實行堅決的「進攻路線」；（2）在反帝、反封建的鬥爭中，各國無產階級政黨採取「階級反對階級」和「下層統一戰線」的策略方針，在資本主義國家堅決地反對社會

〔註2〕〔匈〕貝拉・庫恩：《共產國際文件彙編》第三冊，生活・讀書・新知三聯書店 1965 年版，第 7～8 頁。
〔註3〕〔匈〕貝拉・庫恩：《共產國際文件彙編》第三冊，北京：生活・讀書・新知三聯書店 1965 年版，第 145 頁。

民主黨，在殖民地半殖民地國家反對民族資產階級；〔註4〕（3）為了保證上述戰略和策略的切實執行，共產國際對抵制和反對「第三時期」理論而被認為是「右派」、「調和派」的頭面人物，採取了嚴厲制裁的組織措施，曾先後把洛夫斯頓（美共）、伊列克（捷共）、斯皮克托爾（加拿大共）等清除出共產國際執委會和主席團，〔註5〕並增補了一批擁護共產國際新政策的執行委員。共產國際作出了「反右傾」是黨內鬥爭的不可調和的方針，要求各國共產黨必須堅決反對「右傾機會主義」。這三項任務和要求，在「第三時期」錯誤理論的指導下構成了共產國際「左」傾錯誤的基本內容。「反右傾」作為推行「左」傾冒險主義，壓制和打擊不同意見的一根大棒。共產國際從六大至七大的七年中，正是根據這個理論來規定自己的基本任務和制定方針政策，並把這個理論作為決定各國共產黨和共產國際的實際任務的依據，要各國共產黨人全盤採納和接受，從而形成了一條「左」傾的進攻路線。

　　由於共產國際是一個世界統一性的共產黨組織，各國共產黨是其一個支部，它的決議、理論必須無條件貫徹，而臺共又是共產國際日共支部的一個民族支部，所以臺共自然也要遵守共產國際各項指示。（1928年4月15日，臺共在成立時，是作為日共的一個民族支部，在組織上屬於日共，然而，後來由於日共黨組織屢遭日本政府的破壞，臺共和日共的關係中斷，所以臺共更多地是在共產國際東方局和中共指導下開展活動的。）正是在這樣的歷史條件下，共產國際「第三時期」理論和相應制定的進攻戰略，以及開展的「反右傾」鬥爭的決議，就不可避免地為臺共「左」傾錯誤的產生提供了指導思想和行動綱領。

## 二、台灣共產黨領導人謝雪紅對共產國際「左」傾指示的抵制

　　1928年11月，臺共中央在謝雪紅的領導下，在台灣島內積極地開展活動。由於日本殖民者三十多年來已在台灣建立了嚴密的殖民統治體系，對一切政治活動防範甚嚴，臺共又是日本殖民者心中的非法組織，無法公開號召，所以，謝雪紅便採取了臺共借助合法組織（如農民組合、文化協會）以

---

〔註4〕　〔匈〕貝拉・庫恩：《共產國際文件彙編》第三冊，生活・讀書・新知三聯書店 1965 年版，第 164 頁。
〔註5〕　〔匈〕貝拉・庫恩：《共產國際文件彙編》第三冊，生活・讀書・新知三聯書店 1965 年版，第 193～194 頁。

掩護黨的力量成長的策略路線。雖然謝雪紅的合法鬥爭路線在台灣的革命實
踐中取得了顯著的成效：在農民組合和文化協會中發展了一批新黨員並建立
了臺共支部，成功地將農民組合、文化協會轉化爲臺共的外圍組織；但是，
對共產國際來說，謝雪紅的做法是屬於「關門主義」，過於保守，背離了共
產國際「左」傾的進攻路線。這樣，以謝雪紅爲首的臺共中央就激起了共產
國際的強烈不滿，被共產國際斥責爲機會主義。爲了確保共產國際路線在台
灣的貫徹，因此，共產國際要求臺共中央進行黨的改革工作。

　　1930 年 10 月，共產國際執委、中共中央領導人瞿秋白在召見在上海的臺
共「中堅人物」翁澤生時，轉達共產國際東方局對謝雪紅領導的臺共的「機
會主義」路線的批評，他說：「依據東方局最近所提，台灣黨陷入了機會主義
的錯誤，黨員欠缺積極性，黨組織非常幼稚，與成立當時無甚差別。而黨的
活動遲滯，呈現出無法遂行革命指導任務的狀態」。〔註 6〕瞿秋白依據共產國
際「第三時期」理論，向臺共指出：台灣已經出現了革命高漲的形勢。他說：
「因爲資本主義經濟組織日見深刻化，將全世界捲入於經濟恐慌（危機）裏，
資本主義國家在經濟性危機深刻化的同時，政治危機亦增大，革命運動的潮
流已見高漲，日本帝國主義亦不能免於這種傾向而陷入大的經濟恐慌」。「日
本帝國主義爲鞏固對台灣的統治，勢必更殘酷地榨取工農。因此，台灣的工
農群衆在政治上、經濟上的痛苦亦必加劇升高，在台灣工農群衆之間也必然
地會激發出革命的鬥爭。……偉大的革命鬥爭顯然即將爆發」。〔註 7〕爲了迎
接台灣革命高潮的到來，因此，他要求「台灣的黨應召集臨時大會，檢討黨
過去的方針，確立正確的新方針，而在大會之前應促使一般黨員由機會主義
的謬誤中覺醒，在實踐鬥爭的過程中克服機會主義的謬誤。」〔註 8〕

　　稍後，共產國際東方局負責人不僅表示「完全同意瞿秋白對台灣問題的
意見」，而且還向翁澤生、潘欽信下達指示：「在東方局把正式指令送到台灣
以前，你們要先回去，傳達共產國際的意見，使一般黨員積極地開始工作，
在工作的過程中克服過去所犯的錯誤，而把黨引導向布爾什維克的正確路

---

〔註 6〕「台灣總督府警務局」：《台灣社會運動史——共產主義運動》，《台灣共產黨
　　　的更生運動》，臺北：創造出版社 1989 年版，第 114 頁。

〔註 7〕「台灣總督府警務局」：《台灣社會運動史——共產主義運動》，《台灣共產黨
　　　的更生運動》，臺北：創造出版社 1989 年版，第 115 頁。

〔註 8〕「台灣總督府警務局」：《台灣社會運動史——共產主義運動》，臺北：創造出
　　　版社 1989 年版，第 115 頁。

線。在指令到達後，盡早召開臨時大會，確立政治方針，……再把詳細工作報告呈上。」〔註9〕

　　當時，正好台灣農民組合中央委員陳德興路過上海，準備赴海參崴參加第五次太平洋勞動會議，因遲到而錯過此次會議，因此，他不能前往海參崴，只好返臺，翁澤生就委託他順手帶回共產國際東方局的一項指示——要臺共加以整頓，停止關門主義的做法。翁澤生交代陳德興：「先將（共產國際東方局的）意旨傳達予謝氏阿女（謝雪紅）並慫恿黨的改革，倘阿女（謝雪紅）不表同意或持反對意見時，則向王萬得、趙港等報告，令他們準備黨的改革」。〔註10〕

　　1930年12月20日，陳德興回到台灣後，遵照翁澤生的交代，在國際書局找到謝雪紅，向她傳達共產國際東方局的指示。然而，謝雪紅認為，陳德興傳達的這項指示是「對台灣情況無知者的妄論，令人無法肯定其為共產國際東方局的指令，恐係翁澤生等人分裂主義的陰謀」，〔註11〕因此，她拒絕接受。陳德興萬般無奈，只好照預定計劃向王萬得等人傳達該項指示，從而引發了臺共黨內激烈的鬥爭。

## 三、在共產國際「左」傾指示下，台灣共產黨出現嚴重的「左」傾錯誤

　　由於當時臺共還處於幼年時期，在政治上、思想上還很不成熟，臺共黨內都普遍存在著對共產國際的盲目崇拜和對共產國際指示神聖化的錯誤傾向，所以他們對共產國際指示奉若神明，對其指示教條地、不加分析地、忠實地去執行。1930年底，當陳德興前往臺北《五人報》報社向王萬得傳達共產國際指示時，王萬得當即表示遵照共產國際東方局指示，進行黨的改革。

　　1931年1月27日，王萬得認為謝雪紅在黨的改革問題上無法合作，便錯誤地避開了持不同意見的謝雪紅領導的臺共中央，召集趙港、蘇新、陳德興、莊守、吳拱照等人在臺北召開改革同盟成立大會。大會決定貫徹共產國際指示，結束謝雪紅的「關門主義」路線，確定了臺共要更加積極地開展各項活

〔註9〕　「台灣總督府警務局」：《台灣社會運動史——共產主義運動》，臺北：創造出版社1989年版，第115頁。
〔註10〕　同上，第115頁。
〔註11〕　同上，第116頁。

動的「激進主義」路線；大會還指責以謝雪紅為首的臺共中央存在「政治上的不動主義」、「組織上的封閉主義」、「上級機關對於下級機關與黨團工作的領導不足」等「機會主義」錯誤，〔註12〕決定與原有的黨中央領導機關斷絕關係，自行成立了臺共新的中央領導機構——「改革同盟」，並選出了由王萬得、蘇新、趙港、陳德興、蕭來福5人組成的臨時中央委員會。〔註13〕這樣，臺共就正式分裂為以王萬得為首的「改革同盟」和以謝雪紅為首的「舊中央」兩派。不僅如此，「改革同盟」還以台灣農民組合的名義發表了《關於臺北國際書局同人反動的聲明書》，揭發「最近國際書局同人突然反動了，其行為實比統治階級更甚」，列舉其「反動」的事實：「將我們寄給他們的文件隨意放置於書局，並公然於書局公開，有數份因此被統治階級帶走。」「對統治階級的白色恐怖、殘酷的追索，視為我們左傾過激所致。」〔註14〕「改革同盟」認為「國際書局同人的行為已破壞我農組，欲阻礙我整體的台灣農民運動。咸認為是欲阻礙現階段台灣全體革命運動的最惡劣的反動行為」，因此，必須「徹底地向他們宣戰、揭露」。〔註15〕而以謝雪紅為代表的國際書局對於「改革同盟」的聲明，也針鋒相對地予以回擊，發表了《對台灣農組聲明書的聲明》，認為農組聲明「係出於三五墮落幹部的辛辣手段所為。」〔註16〕在論戰中，雙方對立情緒進一步增大，接著就互相瓦解對方，互相爭取群眾和競爭發展新黨員，兩派鬥爭愈演愈烈。這次大會以後，以王萬得為首的「改革同盟」不僅掌握了臺共大權，而且積極地推行共產國際「左」傾進攻路線，從而使得臺共的「左」傾錯誤開始氾濫開來。

針對王萬得等人分裂臺共中央的行為，謝雪紅通過正常渠道向共產國際東方局、日共中央、中共中央反映，然而，由於謝雪紅領導的臺共「舊中央」對共產國際指示的拒不執行，因此，在共產國際看來，臺共「舊中央」不但

---

〔註12〕 「台灣總督府警務局」：《台灣社會運動史——共產主義運動》，《台灣共產黨改革同盟的成立》，臺北：創造出版社1989年版，第119頁。

〔註13〕 「台灣總督府警務局」：《台灣社會運動史——共產主義運動》，《台灣共產黨改革同盟的成立》，臺北：創造出版社1989年版，第122頁。

〔註14〕 台灣總督府警務局：《台灣社會運動史——共產主義運動》，臺北：創造出版社1989年版，第133頁。

〔註15〕 台灣總督府警務局：《台灣社會運動史——共產主義運動》，臺北：創造出版社1989年版，第134頁。

〔註16〕 台灣總督府警務局：《台灣社會運動史——共產主義運動》，臺北：創造出版社1989年版，第134頁。

應在政治上受到譴責，而且應在組織上作根本變更，以確保台灣革命嚴格按照共產國際所指引的路線前進。為此，共產國際東方局專門派潘欽信為代表回臺指導臺共二大的召開。

1931 年 5 月 31 日至 6 月 2 日，臺共二大在共產國際東方局代表潘欽信的主持下，在臺北淡水郡八里莊觀音山麓正式召開。〔註 17〕這次大會秉承共產國際東方局的意旨，一方面把忠實於共產國際的臺共「改革同盟」領導人王萬得等人扶植上臺，而將不聽從共產國際指示的臺共「舊中央」領導人謝雪紅等人開除出黨；另一方面還照搬共產國際「第三時期」理論，通過了臺共新的政治綱領，將共產國際「第三時期」理論及相關指示進一步目標化、具體化和行動化。臺共二大以後，臺共在共產國際「第三時期」理論直接指導和影響下，出現嚴重的「左」傾錯誤，其主要表現如下：

## （一）過高地估計了台灣的革命形勢

臺共新中央不顧台灣革命的實際情況，盲目地依據共產國際關於「第三時期」理論和對於資本主義經濟危機的誇大估計，教條地認為「資本主義的第三期業已使全世界資本主義體系急劇地趨向崩潰之途，主要的資本主義諸國家已陷入絕大的經濟恐慌下，失業者如洪水般澎湃，工農大眾墜入困苦貧窮中，更將全世界捲入於世界革命第三期的怒潮中，資本主義諸國家的無產階級運動及殖民地、半殖民地的工農革命正急速地發展開來。」〔註 18〕因此，「台灣革命運動即將繼續地爆發與大發展。毫無疑問，革命的高潮將在無可避免的情勢下來臨。」〔註 19〕

然而，台灣的實際情況是，日本殖民者對台灣實行殘酷的殖民統治。日本警察、特務組織，層層疊疊，密如蛛網，運用《治安維持法》等法律對台灣人民進行嚴密監視和控制，用各種手段偵察、搜捕臺共地下組織、抗日團體和抗日人士，對一切剛剛萌芽的工人、農民運動以及民主、社會主義的政治結社都給予野蠻鎮壓。這就使得臺共在島內的革命活動日趨艱難。不僅如此，日本殖民者為了消滅臺共和各種抗日力量，還於 1929 年 2 月 12 日出動

〔註 17〕 「台灣總督府警務局」：《台灣社會運動史——共產主義運動》，《台灣共產黨第二次臨時大會》，臺北：創造出版社 1989 年版，第 163 頁。

〔註 18〕 「台灣總督府警務局」：《台灣社會運動史——共產主義運動》，《1931 年台灣共產黨政治大綱》，臺北：創造出版社 1989 年版，第 182 頁。

〔註 19〕 「台灣總督府警務局」：《台灣社會運動史——共產主義運動》，《1931 年台灣共產黨政治大綱》，臺北：創造出版社 1989 年版，第 183 頁。

大批警察,在台灣進行所謂「大檢舉」運動,逮捕了台灣各地文協、工會、農民協會及反日團體的幹部和積極分子、各界反日愛國進步人士1000多人,農組領袖簡吉、楊春松、陳德興等臺共重要成員被判處刑期不等的有期徒刑,這便是台灣史上的「二‧一二」事件。〔註20〕「二‧一二」事件,日警雖然未能破壞臺共黨組織,但是,這個大規模的逮捕行動卻給台灣工農革命運動以沉重的打擊。由此可見,當時的台灣在日本的高壓統治之下,革命形勢處於低潮是顯而易見的。

### (二)推行冒險主義的進攻路線。

臺共新中央根本無視台灣革命中敵強我弱的基本事實,主觀的認為,日本帝國主義已陷於大恐慌之際,台灣革命高潮已經到來,現在應該是主動出擊的時候。因此,臺共當前的任務「應該是把握各種機會,抓住工人與資本家、農民與地主、士兵與長官的大小衝突,激發群眾的日常鬥爭,在鬥爭中反對民族改良主義、社會民主主義、機會主義,擴大黨在群眾中的政治影響,吸收群眾集合在黨的政治口號的周圍,領導工人農民在工場與農村實行猛烈的階級鬥爭,建立無產階級在農民運動中的領導權,擴大並鞏固工農的革命組織,力求革命的均衡發展,以武裝暴動顛覆帝國主義的統治,樹立工農民主政權。」〔註21〕為此,他們制定了一系列「左」的方針、政策,強化黨對工農運動的領導,並組織工農武裝暴動和加強紀念日對敵的鬥爭。1932年1月,臺共重要成員劉雙鼎和林華梅以新竹州的大湖和竹南兩農組支部為基礎,準備舉行武裝暴動,建立蘇維埃政權,但不幸事機洩露,大批農組和文協成員被捕,暴動失敗,〔註22〕隨後,日本殖民者宣佈農組和文協為非法組織並予以解散,從而使得臺共外圍組織(農組、文協)破壞殆盡。他們幻想進行幾次「進攻」就把敵人打倒,結果把革命堡壘暴露給敵人,造成革命力量的嚴重損失。

在日本殖民當局高壓統治之下,在敵我力量十分懸殊的情況下,臺共應採取積極穩妥的秘密鬥爭策略,隱蔽實力,組織隊伍,積蓄力量,長期埋伏,

〔註20〕 楊克煌:《台灣人民民族解放鬥爭小史》,武漢:湖北人民出版社1956年版,第138頁。
〔註21〕 「台灣總督府警務局」:《台灣社會運動史——共產主義運動》,《1931年台灣共產黨政治大綱》,臺北:創造出版社1989年版,第184頁。
〔註22〕 「台灣總督府警務局」:《台灣社會運動史——共產主義運動》,《1931年台灣共產黨政治大綱》,臺北:創造出版社1989年版,第178頁。

等待時機的方針。其領導人民對敵鬥爭的策略，必須是利用一切可以利用的公開闔法的法律、命令和社會所許可的範圍，從有理、有利、有節的觀點出發，一步一步地和穩紮穩打地去進行；而不應同強大的統治階級進行毫無勝利希望的正面決戰，將臺共的力量過早地暴露在敵人面前，招致無謂地犧牲。

### （三）實行打擊民族資產階級的「左」傾策略。

在台灣革命依靠力量問題上，臺共內部產生了重大分歧。謝雪紅等人認為：台灣資產階級分為兩個部分：一部分是帶有民主傾向的、具有革命性的、擁有獨立的民族資本的資產階級左派；另一部分為其資本已融合於日本金融資本，且以地主身份實行封建榨取的、反動的資產階級右派。因此，她主張台灣所有被壓迫的各個階級，包括民族資產階級、小資產階級，都可以用聯合戰線的方式團結起來，對日本殖民統治進行反抗。[註23]

然而，王萬得等人置台灣實際情況於不顧，不加區分地將共產國際反對民族資產階級的方針照搬到台灣，看不到台灣資產階級有兩個部分這一特殊性和複雜性，錯誤地將整個台灣資產階級視為革命的對象。他們認為「目前的台灣資產階級明顯地違背了民族利益，並且公然與帝國主義妥協。他們不僅不再成為一股革命力量，相反地，他們卻構成革命的障礙」。[註24] 因此，「我們應向民族改良主義與社會民主主義施以堅強的鬥爭，排除民族改良主義與社會民主主義在群眾中的影響。」[註25] 為此，他們還提出了在無產階級領導下「建立工農民主專政的蘇維埃政權」的口號。[註26]

王萬得等人只看到台灣資產階級同日本殖民者之間的共同利益，而沒有看到它們之間的矛盾，也就沒有看到共產黨可以充分利用它們之間的這一矛盾，尋找突破口，團結、爭取民族資產階級，最大限度地孤立極少數敵人，建立更廣泛的統一戰線，使革命得以順利發展。由於臺共從綱領的高度作了這樣的規定，在實踐鬥爭中臺共就不得不把民族資產階級作為革命的對象進行攻擊，「唯我獨革」，結果將自己立於孤立無援的境地，給台灣革命帶來了

---

〔註23〕 「台灣總督府警務局」：《台灣社會運動史——共產主義運動》，《1931 年台灣共產黨政治大綱》，臺北：創造出版社 1989 年版，第 178 頁。

〔註24〕 同上，第 176 頁。

〔註25〕 「台灣總督府警務局」：《台灣社會運動史——共產主義運動》，《我們目前應該做些什麼》，臺北：創造出版社 1989 年版，第 159 頁。

〔註26〕 「台灣總督府警務局」：《台灣社會運動史——共產主義運動》，《1931 年台灣共產黨政治大綱》，臺北：創造出版社 1989 年版，第 175 頁。

嚴重地危害。

### （四）在臺共黨內推行「反右傾」鬥爭

在共產國際強大的「反右傾」政治空氣衝擊下，王萬得等人在臺共黨內也盲目照搬共產國際指示大反「右傾」。他們指責謝雪紅聯合台灣民族資產階級，放棄了對社會民主主義的鬥爭，這是「右傾」、「調和」的表現。他們還進一步強調：「黨過去犯了太大的右傾機會主義謬誤。為要把黨從右傾機會主義挽回，必須努力除去右傾機會主義在組織工作基礎。當前的黨漂流在右傾機會主義的危險線上。反對右傾機會主義乃黨目前的緊急任務。」〔註27〕因此，他們集中火力去反對黨內「主要的危險——右傾機會主義傾向」和「對於不正確傾向採取調和態度的調和傾向」。然而，當時，「左」傾是臺共黨內的主要危險，而他們卻把「反右傾」、「反調和」作為一根大棒，到處打人，以實現其所謂「根本改造黨的領導」的目的。1931 年 6 月初，臺共二大錯誤地將持不同意見的臺共領導人謝雪紅、楊克培、楊克煌開除出黨。黨內反傾向鬥爭，就其性質來說，主要是思想鬥爭。而王萬得等人在組織上搞所謂「殘酷鬥爭，無情打擊」，勢必扼殺黨內民主，破壞黨內健康和諧的政治生活，使好同志蒙受冤屈，給革命事業帶來破壞性的後果。

## 四、台灣共產黨的「左」傾錯誤釀成了台灣共產黨的失敗

隨著謝雪紅的舊中央的失勢和王萬得的新中央的崛起，臺共出現了新的形勢。臺共在以王萬得為代表的激進派主持下，由「關門機會主義」轉向「開門激進主義」。臺共二大以後，在臺共激進派的努力下，臺共活動的確開創了新的局面：不僅臺共黨組織發展很快，黨員遍佈全臺各勞工部門，控制了各群眾組織的領導權，而且群眾性運動、群眾性鬥爭，迅速而普遍地展開：在臺北發動了印刷工人的罷工，並且採取了「佔領工廠」的激烈行為；在羅東發動了蔗農對日人製糖公司的鬥爭，及羅東街房屋租借人對日人地產公司的鬥爭；又在高雄鐵工廠、水泥工廠、鐵道部工人之間，散發傳單，公開進行工會組織工作等等。〔註28〕

〔註27〕 「台灣總督府警務局」：《台灣社會運動史——共產主義運動》，《1931 年台灣共產黨政治大綱》，臺北：創造出版社 1989 年版，第 184 頁。
〔註28〕 蘇新：《未歸的臺共鬥魂》，臺北：時報文化出版企業有限公司 1993 年版，第 49 頁。

　　表面上看來，台灣抗日鬥爭形勢一片大好，但臺共這些激進的做法，使臺共的各級組織和進步團體不斷暴露在敵人面前，給敵人逮捕革命群眾造成了便利的條件和機會。1931 年 3 月 10 日——日本陸軍紀念日，日本殖民者在台灣舉行首次防空演習，青年讀書會成員王日榮趁機在臺北散發「反對帝國主義戰爭」的傳單，結果遭到日本警察的逮捕。日本警察抓住線索，又先後逮捕林式鎔、張朝基、林殿烈等人，並在臺共黨員張朝基家搜獲大量「改革同盟」文件和臺共二大文件，至此日本警察已掌握了臺共黨組織的全部情況。

　　從 1931 年 6 月起，日本殖民者開始展開了對臺共的大搜捕行動：6 月 26 日，謝雪紅、楊克培首先在國際書局被捕；到 9 月底，許多重要的臺共黨員如王萬得、蘇新、潘欽信、蕭來福、簡娥、顏石吉、劉守鴻等人也都陸續被捕；1932 年 5 月，翁澤生在上海被租界工部局警察逮捕，1933 年 3 月，翁澤生被引渡回臺。這樣，日警逮捕臺共黨員的行動就告一段落。這次大逮捕行動，一共逮捕 107 人，其中有 49 人被判處 2～15 年有期徒刑。〔註29〕具體情況如下表：

## 表：臺共黨員被判徒刑年限表〔註30〕

| 姓　名 | 刑期 | 求刑期 | 姓　名 | 刑期 | 求刑期 | 緩刑 |
|---|---|---|---|---|---|---|
| 謝雪紅 | 13 年 | 15 年 | 楊克煌 | 4 年 | 4 年 | |
| 潘欽信 | 15 年 | 15 年 | 林式溶 | 2 年 | 2 年 | |
| 林日高 | 5 年 | 7 年 | 簡娥 | 5 年 | 5 年 | |
| 蘇新 | 12 年 | 12 年 | 簡吉 | 10 年 | 8 年 | |
| 王萬得 | 12 年 | 13 年 | 張茂良 | 7 年 | 7 年 | |
| 趙港 | 12 年 | 12 年 | 郭德金 | 4 年 | 4 年 | |
| 蕭來福 | 10 年 | 10 年 | 施茂松 | 2 年 | 2 年 | 5 年 |
| 陳德興 | 10 年 | 10 年 | 吉松喜清 | 4 年 | 4 年 | |
| 劉守鴻 | 10 年 | 10 年 | 李媽喜 | 2 年 | 2 年 | 5 年 |
| 莊春火 | 7 年 | 7 年 | 吳錦清 | 2 年 | 3 年 | |
| 吳拱照 | 7 年 | 7 年 | 廖瑞發 | 2 年 | 2 年 | |
| 顏石吉 | 10 年 | 10 年 | 陳朝陽 | 2 年 | 2 年 | 5 年 |

〔註29〕　「台灣總督府警務局」：《台灣社會運動史——共產主義運動》，《台灣共產黨的檢舉》，臺北：創造出版社 1989 年版，第 195 頁。
〔註30〕　「台灣總督府警務局」：《台灣社會運動史——共產主義運動》，《台灣共產黨的檢舉》，臺北：創造出版社 1989 年版，第 195～197 頁。

| 莊守 | 8 年 | 8 年 | 張欄梅 | 2 年 | 2 年 | 5 年 |
|---|---|---|---|---|---|---|
| 詹以昌 | 7 年 | 7 年 | 詹木枝 | 2 年 | 2 年 | 5 年 |
| 盧新發 | 4 年 | 4 年 | 陳振聲 | 2 年 | 2 年 | 5 年 |
| 張道福 | 3 年 | 4 年 | 楊克培 | 5 年 | 5 年 | |
| 林朝宗 | 2 年 | 2 年 | 宮本新太郎 | 2 年 | 2 年 | |
| 高甘露 | 3 年 | 3 年 | 翁澤生 | 13 年 | | |
| 林梁材 | 2 年 | 2 年 | 洪朝宗 | 3 年 | 4 年 | |
| 陳義農 | 2 年 | 2 年 | 王日榮 | 2 年 | 2 年 | 5 年 |
| 翁由 | 2 年 | 2 年 | 朱阿輝 | 2 年 | 2 年 | 5 年 |
| 林文評 | 2 年 | 2 年 | 張朝基 | 3 年 | 4 年 | |
| 周坤棋 | 2 年 | 2 年 | 津野助好 | 2 年 | 2 年 | 5 年 |
| 林殿烈 | 2 年 | 2 年 | | | | |

　　與此同時，一時未被捕的臺共黨員仍在鬥爭，秘密集會成立「赤色救援會」，發行《眞理》雜誌和《二字集》、《三字集》等宣傳品。日本警察見了甚爲憤怒，又再行搜捕。這樣經過多次鎮壓後，1932 年 4 月，臺共黨組織遭到徹底破壞，臺共終告失敗。

　　總而言之，共產國際「第三時期」理論的提出從一開始就是錯誤的，它完全地脫離了台灣革命的客觀實際，而在指導台灣革命實踐的過程中又不加思索地強制推行，必然會造成無法挽回的損失。因此，對於臺共黨內的「左」傾錯誤給臺共和台灣革命所造成的嚴重後果，作爲「第三時期」理論制定者和指導者的共產國際是要負主要責任的。

# 第二節　日本警察的鎮壓

　　雖然諸多臺共研究者認爲，臺共失敗的重要原因之一是日警的鎮壓，但是他們只是簡要地提到日警對臺共的鎮壓，並沒有對它進行論述。鑒於此，筆者擬就這一問題，通過上海讀書會事件、臺共東京特別支部的破壞、台灣赤色救援會事件來探討日警對臺共的鎮壓。

## 一、上海讀書會事件

### （一）上海讀書會事件經過

　　在臺共籌建期間，林木順、翁澤生、謝雪紅聯絡一批在滬的臺籍學生，

在寶興路秘密成立「台灣學生讀書會」指導他們學習共產主義理論，爲臺共培養幹部作準備。〔註 31〕讀書會會員一邊學習革命理論，一邊還與中共、朝鮮共產黨聯絡，積極參加各種紀念會和反日集會活動。1927 年底，「台灣學生讀書會」爲了聲援朝鮮共產黨被捕事件，而以「全台灣總督獨裁政治打倒大會」的名義，散發了一份呼籲朝鮮同胞起來反抗的傳單。這份傳單不幸落入日本上海總領事館警察署的手中，這樣，「上海台灣讀書會」就引起了上海日本領事館的注意，隨後日警就暗中監視他們的行動。

1928 年 3 月 1 日，在上海的「大韓民國臨時政府」，在法租界舉行「三一紀念節」慶祝儀式，讀書會的幾名成員也參加了這項紀念活動，並由張茂良代表「在日本帝國主義高壓下呻吟的台灣人民」，向朝鮮革命民眾致詞。張茂良首先站在國際主義的立場說明：「朝鮮的革命紀念日不只是朝鮮同胞的紀念日而已，它同時也是全世界被壓迫民族的紀念日。」接著他就分析了「三一」運動以來「日本帝國主義終致崩潰的必然性」。他特別強調「三一」革命運動的教訓是：「朝鮮獨立運動倘要成功，只有以無產階級和農民先鋒，率領一切反抗日本帝國主義的民眾，並緊緊地和全世界所有無產階級與被壓迫民眾攜手合作，才能達成。而且，它絕對必須在列寧主義的旗幟下，有組織、有規律地展開才可以。」最後，他高呼「打倒日本帝國主義！打倒世界的帝國主義！日本、台灣、中國、朝鮮的革命大眾緊緊團結！朝鮮獨立萬歲！世界革命萬歲！」〔註 32〕

不僅如此，1928 年 3 月 8 日，爲了紀念國際婦女節，上海台灣學生讀書會成員陳美玉等，以「台灣婦女解放同盟旅華支部」的名義，印製了紀念日宣言書，寄發給以上海台灣學生聯合會及朝鮮人團體爲主的同志們。該宣言書認爲：「這一天，是我們全世界被壓迫婦女共同團結在第三國際的旗幟下，向壓迫階級宣戰的一個日子」。婦女們「已不能再忍受『三從四德』鴉片般的陳腐道德思想，也不能信賴現代資產階級虛僞矯飾的文明」。婦女們「必須團結，用紅色共產主義把自己武裝起來，握緊武器，以國際性的團結力量，開拓進路」。婦女們的「解放，只有依靠勞動軍的決戰才是可靠的」。最後，她

〔註31〕 藍博洲：《日據時期台灣學生運動》，臺北：時報文化出版事業公司 1993 年版，第 165 頁。

〔註32〕 「台灣總督府警務局」：《台灣社會運動史——文化運動》，《上海台灣學生聯合會和讀書會》，臺北：創造出版社 1989 年版，第 111 頁。

呼籲「中國、台灣、日本及全世界被壓迫的婦女們聯合起來！打倒日本帝國主義！打倒國際帝國主義！擁護中國革命！擁護蘇維埃聯邦！台灣民族革命成功萬歲！」〔註33〕

　　這樣，日本警察署不僅探知「上海台灣學生讀書會」成員參加各種反日集會活動，而且還獲得林木順等人頻頻聚會協議，正在進行組織某種秘密結社的情報。於是，日本警察署對「上海台灣學生讀書會」先後進行三次逮捕。第一次是在1928年3月12日，日本領事館的警察會同中國警察衝進寶山路協興里讀書會會址，逮捕黃和氣（旗山人）、江水得（潮州人）、陳美玉（臺北人）；第二次是在3月31日，日警在共同租界逮捕陳粗皮（北斗人），這兩次逮捕都是在臺共建黨之前進行的。第三次是在4月25日，日警在法國警察的協助下在法租界辣斐得路389號逮捕張茂良（竹山人）、謝雪紅（彰化人）、楊金泉（臺北人）、林松水（南投人）、劉守鴻（潮州人），在緝捕過程中，林木順僥倖自屋頂脫逃。然而，日警卻搜走了臺共建黨的各種秘密文件（結黨大會議事錄，大會宣言，政治、組織兩項綱領，其他各部門之運動綱領），〔註34〕至此日警就發現了臺共建黨的事實。

　　在第三次的逮捕中，謝雪紅沉著地從敵人抓捕時所問話的內容，判斷出日警這次行動與上兩次一樣，都是針對讀書會而來的，還不知道他們與臺共之間的關係。因此，謝雪紅等被捕者在法國領事館還未被移交給日本領事館警察之前，便先行互相套好口供，及被送往日本領事館後，都堅決否認與臺共有任何關係，雖經嚴刑拷打仍堅不招供。〔註35〕由於日本領事館搞不清楚讀書會與臺共的關係，只得把被捕的九人押回台灣，由臺北地方法院進行審判。在審訊期間，由於日警掌握情報所知與臺共有關的主要人物林木順、翁澤生未遭逮捕，而被逮捕的9人均否認與臺共有關，結果，謝雪紅、黃和氣和陳美玉因證據不充分而被釋放。1929年5月21日，張茂良等6人則以「與翁澤生及其妻謝玉葉共同擬以否認日本帝國的台灣統治權、促使台灣獨立、變革我（日本）國體，且否認私有財產制度，以期實現共產主義社會爲目的，

---

〔註33〕「台灣總督府警務局」：《台灣社會運動史——文化運動》，《上海台灣學生聯合會和讀書會》，臺北：創造出版社1989年版，第114頁。

〔註34〕「台灣總督府警務局」：《台灣社會運動史——共產主義運動》，《平社》，創造出版社1989年版，第99頁。

〔註35〕謝雪紅口述，楊克煌筆錄：《我的半生記》，臺北：楊翠華出版1997年版，第258頁。

而組織上海台灣學生讀書會」的罪名，以違反《治安維持法》而提起公訴，臺北地方法院宣判：楊金泉有期徒刑 3 年；張茂良有期徒刑 2 年 6 個月；林松水有期徒刑 2 年；劉守鴻有期徒刑 2 年；江水得有期徒刑 1 年 6 個月；陳粗皮有期徒刑 1 年，林松水、劉守鴻、江水得、陳粗皮獲緩刑 4 年的處分。〔註36〕後來，楊金泉、張茂良經上訴後，改判 2 年，發監服刑，這樣「上海讀書會事件」才宣告結束。

### （二）上海讀書會事件後果：臺共組織被打散和日警控制的強化

剛成立僅 10 天的臺共就遭到極為沉重的打擊。4 月 25 日的第三次「讀書會事件」，打亂了臺共一大的人員分工安排，原來依照黨大會及中央委員會決定之黨機關的構成、人員的安排、活動的展開等的預定計劃，也因此無法正常進行。該去日本的謝雪紅被押送回台灣，從此再沒有踏上日本一步。而該回台灣領導臺共開展革命工作的林木順則滯留上海，從此留在大陸參加革命，直到犧牲，再沒有回到台灣。不僅如此，已經回臺的林日高即在臺北與三位缺席獲選的委員莊春火、蔡孝乾、洪朝宗等四人會合討論，認為「上海讀書會事件」後，日警搜索有擴大的形勢，決定暫時停止一切黨的活動，觀望經過情形，且狀況緊迫時應各自採取適當行動自行逃避等。然而，由於建黨後已經返臺的潘欽信、謝玉葉和在島內的蔡孝乾、洪朝宗四人感覺危機日增，為避免被捕，不經組織的允許而各自逃亡於祖國大陸。

在逮捕臺共黨員之後，日本政府在其本土及國外都加強了治安上的措施，以強化對各種左翼運動的控制。治安維持法在 1928 年 6 月 29 日修改後，加入死刑的處罰，這個法律早在 1925 年便已施行於台灣。1928 年 7 月，東京警視廳擴充特別高等警察為全國性的組織，由內務省集中管理，以便監視各地的社會運動。成千上萬的特務人員因此被派往本國各地區工作，並與各地區地方警察密切地合作，他們的情報都送往內務省處理。日警不僅嚴密監視台灣和朝鮮的民族運動，而且還特別注意在上海、倫敦、海參崴等地的共產主義者和反日革命志士的活動。為鉗制台灣人民的思想，1928 年 7 月，「台灣總督府」也在台灣創設了高等警察制度，在「台灣總督府」設專任事務官 2 名，增設保安課，在各州設高等警察課，以「警視」為課長，在台灣與日本、

---

〔註36〕「台灣總督府警務局」：《台灣社會運動史——共產主義運動》，《平社》，創造出版社 1989 年版，第 100 頁。

祖國大陸來往船隻上派有日警，並在祖國大陸口岸派駐警察官，以防止台灣與日本、祖國大陸的思想聯繫和阻止「犯人」的潛逃。〔註37〕不僅如此，台灣的特高警察還負責監控台灣所有的左翼運動與民族主義運動，台灣和其他地方的航運交通也因此加強了。這些做法後來成為渡邊政之輔在台灣死亡的起因，後文將會討論到。

## 二、台灣共產黨東京特別支部的破壞

臺共在上海建黨時，曾經做出東京特別支部的決定，這個事實一方面反映出台灣共產主義運動在日本的發展，另一方面表示臺共想強化日共對臺共的指導。因此東京特別支部的成立在於加速共產主義運動，並擴大對台灣人民的影響力，同時，借助特別支部在政治、經濟、社會方面的特別關係，可以從日本本土開始向台灣滲透共產主義的勢力，以完成殖民地獲得解放的國際任務。

陳來旺前往上海參加臺共建黨大會後，東京台灣青年會下的社會科學研究部——左翼台灣學生組織——由於受到日共「三・一五事件」的影響，改變名稱為台灣學術研究會，並暫時停止活動。4月23日，陳來旺返回東京以後，攜回建立臺共支部的任務。儘管當時形勢已經變化，他仍然和原有同志聯繫，並為臺共東京特別支部進行組織上的籌備工作。1928年8月，逃避上海4月逮捕事件的臺共總書記林木順抵達東京，他帶來日共中央有關臺共建黨和隨即被破壞的報告。在東京他與陳來旺碰頭，雙方交換了對局勢的看法，並決定建立東京支部應採取的步驟，陳來旺推薦兩位台灣學術研究會的積極分子林兌、林添進入黨。〔註38〕

1928年9月23日晚，陳來旺、林木順、林兌及林添進四個人聚在一起，決定成立臺共東京特別支部，由陳來旺擔任該組織負責人。在會議中，他們決定了兩項任務：1、在台灣學術研究會和東京台灣青年會建立黨的指導地位，以便吸收台灣學生為黨員。2、建立與日共以及臺共黨組織之間的聯繫關係。〔註39〕

〔註37〕 鹽見俊二：《日據時代台灣之警察與經濟》，見王曉波：《台灣的殖民地傷痕新編》，臺北：海峽學術出版社2002年版，第202～203頁。
〔註38〕 「台灣總督府警務局」：《台灣社會運動史——共產主義運動》，《平社》，創造出版社1989年版，第102頁。
〔註39〕 「台灣總督府警務局」：《台灣社會運動史——共產主義運動》，《平社》，創造

　　在重整後的日共指導下，臺共東京特別支部的活動日趨積極。1928 年底以前，在陳來旺的擬議下，學術研究會內的委員會成員在東京文化協會下的《台灣大眾時報》社址集會三次，這些成員包括林兌、蕭來福、何火炎、蘇新和陳來旺，他們討論了組織的指導路線和活動內容，其中重要決定如下：

1、以學校為單位，組織台灣革命青年。

2、改革東京台灣青年會，使它在東京特別支部指導下成為一個大眾團體。

3、出版一份報紙。

4、組織一個台灣人聯盟，支持《無產者新聞》。

5、組織一個支持委員會，以救援從事台灣解放運動的受難者。

6、對即將在 1928 年年底召開的台灣農民組合大會發表聲援書。〔註40〕

　　1929 年 1 月 2 日，陳來旺、何火炎、蘇新、蕭來福、林兌、林添進、李清標、林加才等人舉行支部會議，他們將七個地方小組重組為十個學校小組並分配各人的任務。他們決定加強徵募黨員以及銷售《無產者新聞》的工作。在特別支部的領導下，學術研究會的活動有所進展，青年會的左傾會員也逐步被吸收。1929 年 2 月 3 日，青年會的一次聚會中，在學術研究會會員的領導下大會通過改革青年會的決議，並決定成立日本台灣學生會，當日選出的委員會成員幾乎全是研究會的會員。青年會在特別支部的指導下改組，成為東京台灣人的左翼組織。〔註41〕

　　自從特別支部在學術研究會和青年會中建立領導地位後，支部利用這兩個組織開展自己的活動，並與台灣的左翼組織建立密切的聯繫。1928 年 11月底，林兌被支部派往台灣，攜帶支部的指示和林木順準備的「農民問題對策」。1928 年夏天，林兌利用假期返臺，和農民組合負責人簡吉聯繫，並和當時在台灣著手重建黨中央的謝雪紅取得聯絡。他們共同指導台灣農民組合第二次大會，這次大會在 1928 年 12 月底舉行，結果強化了臺共對台灣農民運動的影響力。1929 年 2 月 12 日，日本當局開始逮捕台灣農民組合的幹部，農民組合遭受重大打擊。東京特別支部派遣學術研究會的骨幹分子返臺，以協助農民組合的再建運動。

　　　　出版社 1989 年版，第 102 頁。

〔註40〕藍博洲：《日據時期台灣學生運動》，臺北，時報文化出版企業有限公司 1993年版，第 118～119 頁。

〔註41〕藍博洲：《日據時期台灣學生運動》，臺北，時報文化出版企業有限公司 1993年版，第 122 頁。

　　1929 年 4 月 16 日事件前夕，日共組織的領導人間庭末吉被捕，從他身上搜獲的日共黨員名單給日警提供了相當多的情報，並據此發動 1928 年以來的第二次大逮捕行動。在這份名單中有 3 位台灣人，爲了知道這三位台灣人的名字，東京警察逮捕了 43 名台灣學術研究會的主要會員，因爲這個組織早被日警視爲左翼台灣人的組織。在偵訊中發現陳來旺、林兌、林添進的日共黨員身份而加以逮捕，其餘人則以證據不足獲釋，但仍遭日警嚴密監視。於是這剛成立 6 個月的臺共東京特別支部，即遭破壞。陳來旺被判刑六年，林添進四年，林兌到 1931 年 3 月才被保釋出來。儘管其他學術研究會員被釋放，但在日警嚴密的監視下陷入了無力活動的狀態。〔註 42〕

## 三、台灣赤色救援會事件

　　臺共中央遭到破壞後，其外圍團體的文化協會、農民組合也受到影響，無法正常活動。1931 年 8 月 9 日，未逮捕的臺共黨員（農民組合幹部簡吉、陳崑崙、陳結與文協幹部張茂良、詹以昌等人）在臺中文化協會本部秘密召開「台灣赤色救援會組織協議會議」，商量黨的重建工作。這次會議作出四項重要決定：第一，黨的活動要繼續，不可停頓；第二，調查尚未遭逮捕的黨中央委員並與之聯繫，派黨員前往祖國大陸，設法與中共中央或共產國際東方局取得聯繫，並依據其指示重建臺共中央；第三，將文化協會的會員與農民組合的組合員吸收到即將成立的台灣赤色救援會，通過救援活動來進行重建黨組織及訓練無產階級大眾；第四，迅速成立「台灣赤色救援會籌備委員會」，並出版機關刊物。會議一致推選張茂良爲「台灣赤色救援會籌備委員會」的主席，陳崑崙爲書記，推選簡吉、張茂良、陳崑崙爲中央負責人。〔註 43〕

　　依據 8 月 9 日決議，簡吉、陳崑崙、張茂良、詹以昌開始秘密地往返各地，一方面與文協、農組成員取得聯繫，另一方面向他們傳達指示，並徵詢他們的意見。詹以昌在與臺共中央常委蘇新取得聯繫後，商量解散文化協會並組織赤色救援會。爲此，1931 年 9 月 4 日晚，簡吉、顏錦華、陳結、陳崑崙（以上爲農組成員）、王敏川、張茂良、詹以昌、吳丁炎（以上爲文協成員）在文化協會本部召開「台灣赤色救援會籌備委員會」，決定取消文化協

---

〔註 42〕　「台灣總督府警務局」：《台灣社會運動史——共產主義運動》，《臺韓同志會》，臺北：創造出版社 1989 年版，第 106 頁。

〔註 43〕　「台灣總督府警務局」：《台灣社會運動史——共產主義運動》，《台灣赤色救援會組織運動的抬頭》，臺北：創造出版社 1989 年版，第 236 頁。

會，組織台灣赤色救援會。大會決定了赤色救援會的組織方針：（一）中央機構的設置；（二）地方機構的設置，即每十人組成一個班，每五個班組成一個隊，每個班和隊分別設置一名負責人；再由隊的負責人組成地方委員會，待全島都設立地方性的組織後，再召開大會，選出中央機構的成員。同時，大會決定暫時由簡吉爲籌備委員會的負責人，簡吉、張茂良、陳崑崙等三人爲籌備委員會常任委員，簡吉、張茂良、詹以昌、陳崑崙、李明德、呂和布、吳丁炎等七人爲籌備委員。大會還任命了各地方負責人，具體情況如下：李振芳（羅東）‧江賜金（臺北）‧顏錦華（臺中）‧王敏川（彰化）‧張信義、郭榮昌（豐原）‧詹以昌（員林）‧張茂良、陳神助（竹山）‧李明德（嘉義）‧林銳（麻豆）‧蘇清江（新營）‧陳結、林龍（竹崎）‧呂和布（屏東）‧張玉蘭（高雄）‧吳丁炎（北港）‧湯接枝（霧峰）等。〔註44〕

依據 1931 年 9 月 4 日「台灣赤色救援會籌備委員會」的決議，各地方負責人立即展開組建救援會地方機構的活動，對會員及救援金的獲得有相當的成績，具體情況如下：（一）陳結在竹崎組織了 11 個班 80 人的赤色救援會；（二）陳結還在小梅組織了 7 個班 45 人的赤色救援會，並爲赤色救援會籌集到 28 元的經費；（三）林銳在曾文、北門組織了 4 個班 24 人的赤色救援會，爲赤色救援會籌集到 140 元的經費；（四）李明德在嘉義組織了 3 個班 17 人的赤色救援會；（五）吳丁炎在北港組織了 5 個班 35 人的赤色救援會，爲赤色救援會籌集到 47 元的經費；（六）呂和布、張玉蘭在高雄組織了 12 個班的赤色救援會；（七）陳結在臺中組織了 8 個班的赤色救援會；（八）郭榮昌在豐原組織了 4 個班 20 多人的赤色救援會；（九）呂朝枝在農民組合本部組織了 1 個班 7 人的赤色救援會；（十）湯接枝在霧峰組織了 1 個班的赤色救援會。〔註45〕另外，黃賜金在臺北，李振芳在羅東也竭力進行救援會組織工作。

隨著台灣赤色救援會組織工作的進展，日本警察開始注意台灣赤色救援會，並暗中進行調查。1931 年 9 月，日警在臺南州嘉義郡小梅莊發現一本救援會的宣傳資料《三字集》，循此進行深入調查。11 月，逮捕了在臺中州竹山郡散發同種傳單的林水福。日警得知這些宣傳資料是由陳神助和陳結在臺

---

〔註44〕 「台灣總督府警務局」：《台灣社會運動史——共產主義運動》，《台灣赤色救援會籌備委員會的組成》，臺北：創造出版社 1989 年版，第 240～241 頁。

〔註45〕 「台灣總督府警務局」：《台灣社會運動史——共產主義運動》，《台灣赤色救援會組織準備運動》，臺北：創造出版社 1989 年版，第 243～247 頁。

南州嘉義郡竹崎莊印刷的。根據林水福的供述，日警發現並沒收了《二字集》、《三字集》及《眞理》雜誌 800 多份。日警還在臺中州竹山郡阿里山中逮捕了資料的刊印者陳結。根據調查，日警發現這些行爲都與臺共有關係，於是臺南州派出中村特高股長率領部下到嘉義，在郡警察的協助下，發起了全面的搜查逮捕，於 12 月抓到逃到嘉義的陳神助。經過審訊，得知他們的活動是台灣赤色救援會組織活動的一部分。根據他們的供述，又在陳神助的住處收繳了大量的文書和宣傳印刷器具。之後，日警又對臺南州進行了搜查，在基隆逮捕了吳丁炎。〔註46〕隨後赤色救援會的文協與農組成員紛紛落入日警手中，被捕人數高達 310 人，其中 150 人被移送法院，有 53 人出庭受審，其中包括文協領袖王敏川、農組領袖簡吉，以及這兩個組織的主要負責人和成員。在這 53 人當中，有 8 名涉及臺共案件而被分開審判，其餘 45人被指控參加赤色救援會活動，分別被判處 2～7 年的有期徒刑，具體判刑情況如下：〔註47〕

| 姓 名 | 教育程度 | 是否為黨員 | 身 份 | 刑期 | 姓 名 | 教育程度 | 是否為黨員 | 身份 | 刑期 |
|---|---|---|---|---|---|---|---|---|---|
| 陳崑崙 | 中等 | 是 | 農組中央委員 | 5 年 | 曾百川 | 初等 | | 農組員 | 2 年 |
| 顏錦華 | 中等 | 是 | 農組中央書記 | 4 年 | 許啓明 | 初等 | | 文協員 | 2 年 |
| 王敏川 | 高等 | | 文協中央委員長 | 4 年 | 李鹿 | 初等 | | 農組員 | 2 年 |
| 張玉蘭 | 中等 | | 農組支部委員 | 4 年 | 孫葉蘭 | 初等 | | 農組員 | 2 年 |
| 黃石順 | 中等 | 是 | 農組中央委員 | 5 年 | 廖晨茂 | 初等 | | 農組員 | 2 年 |
| 張火生 | 初等 | 是 | 農組支部委員 | 4 年 | 李萬春 | 初等 | | 農組員 | 3 年 |
| 張行 | 初等 | 是 | 農組中央委員 | 6 年 | 黃任葵 | 初等 | | 農組員 | 2 年 |
| 李明德 | 初等 | 是 | 文協中央委員 | 死亡 | 陳錫珪 | 中等 | | | 2 年 |
| 姜林小 | 無 | 是 | 農組中央委員 | 4 年 | 沈君 | 初等 | | 農組員 | 2 年 |
| 湯接枝 | 初等 | 是 | 農組中央常委 | 6 年 | 許登此 | 初等 | | 農組員 | 4 年 |
| 吳丁炎 | 初等 | 是 | 文協中央委員 | 7 年 | 魏連春 | 初等 | | 農組員 | 2 年 |
| 張庚申 | 初等 | 是 | 文協中央委員 | 3 年 | 姜林朝清 | 無 | | 農組員 | 3 年 |

〔註46〕 「台灣總督府警務局」：《台灣社會運動史——共產主義運動》，《台灣赤色救援會檢舉的始末》，臺北：創造出版社 1989 年版，第 273 頁。

〔註47〕 「台灣總督府警務局」：《台灣社會運動史——共產主義運動》，《台灣赤色救援會檢舉的始末》，臺北：創造出版社 1989 年版，第 274～276 頁。

| 謝少塘 | 初等 |   | 文協支部委員 | 2年 | 吳博 | 初等 |   | 文協員 | 3年 |
| 呂賽 | 初等 |   | 農組員 | 3年 | 張溜 | 初等 |   |   | 3年 |
| 陳越 | 初等 |   | 農組員 | 4年 | 黃春生 | 初等 |   | 文協員 | 死亡 |
| 蔡添丁 | 無 |   |   | 2年 | 姜林海鵝 | 初等 |   | 文協員 | 2年 |
| 張卜 | 初等 |   |   | 2年 | 姜林德鴻 | 初等 |   | 文協員 | 2年 |
| 張笨 | 初等 |   |   | 2年 | 尤份 | 初等 |   | 文協員 | 2年 |
| 吳沈旺 | 初等 |   | 農組員 | 2年 | 呂朝枝 | 初等 |   | 文協員 | 不起訴 |
| 楊順利 | 初等 |   | 農組支部委員長 | 2年 | 詹瑞嬰 | 初等 |   | 農組員 | 4年 |
| 陳文質 | 無 | 是 | 農組支部委員 | 4年 | 呂和布 | 初等 |   |   | 4年 |
| 林銳 | 初等 |   | 農組支部委員 | 3年 | 林春 | 初等 |   | 農組員 | 2年 |
| 林水福 | 初等 |   | 農組員 | 2年 |   |   |   |   |   |

# 第三節　台灣共產黨黨員自身的不成熟

## 一、大多數黨員「只唯上」、「不唯實」是導致台灣共產黨失敗的主觀原因

　　關於臺共「改革同盟」與謝雪紅的黨內鬥爭問題，史明與陳芳明將臺共「改革同盟」開除謝雪紅黨籍奪取領導權的內訌歸因於臺共「上大派」奉中共中央之命剷除日共系統的謝雪紅，完全是出於臺獨偏見的曲解。這種說法之站不住腳是顯而易見的。且不論謝雪紅即是中共黨員的事實，單從謝雪紅本身就讀上海大學，而本為日共黨員的蘇新與農民組合的趙港等人與中共並無淵源，卻也群起而反對謝雪紅，使謝陷於四面楚歌、孤立無援中，就可得知所謂中共的「上大派」與日共系統的謝雪紅對立這種分類法是粗糙不堪，難以說明問題的。因此，在這裡，筆者有必要對臺共內訌發生的真實原因作一回應。

　　筆者認為，臺共大多數黨員「只唯上」、「不唯實」是導致其失敗的主觀原因。20世紀30年代初，臺共黨內普遍盛行把共產國際指示和蘇聯經驗神聖化、絕對化的錯誤傾向。1930年12月，當陳德興將共產國際指示（即要求臺共中央實行共產國際「第三時期」理論的方針政策）傳達給臺共中央領導人謝雪紅時，謝雪紅認為，這些方針政策與台灣革命的實際情況不符，而

斷然加以拒絕。於是，陳德興將共產國際指示傳達給臺共骨幹分子王萬得、
趙港、吳拱照、蕭來福、蘇新等人，由於大多數臺共黨員都存在著對共產國
際的盲目崇拜和對共產國際指示神聖化的錯誤傾向，所以他們不管共產國際
指示是否符合台灣革命的實際情況，對其指示教條地、不加分析地、忠實地
去執行。1931 年 1 月上旬，王萬得、趙港、顏石吉、陳德興、吳拱照、蕭來
福、蘇新、莊守等人在臺北開會，決定建立臺共臨時領導機構——改革同盟，
貫徹執行共產國際的指示。「改革同盟」的成立，實際上導致了臺共領導機
構的分裂。就圍繞是否貫徹共產國際指示，以謝雪紅為首的臺共舊中央與以
王萬得為首的「改革同盟」展開了激烈的黨內鬥爭，他們之間的鬥爭實際上
是兩條路線（即實事求是的思想路線與「左」傾教條主義路線）的鬥爭。對
此，《台灣總督府警察沿革志》對臺共內鬥的原因，作了頗為中肯的評論：「蓋
阿女與改革同盟一派造成對立的原因，主要基於對客觀形勢的認識不同，以
致對黨戰術的見解引起差異。」〔註 48〕最後，臺共的「改革同盟」在共產國
際東方局的支持下，不僅將臺共中央領導人謝雪紅等人開除出黨，而且忠實
地執行了共產國際指示，從而釀成臺共失敗的慘劇。

　　馬克思主義者認為，認識來源於實踐，受實踐的檢驗，在實踐中得到補
充、修正和發展。因此，臺共要制定並貫徹執行正確的路線和方針政策，就
必須調查研究台灣社會的實際情況，總結人民鬥爭的實踐經驗，即必須堅持
一切從實際出發、實事求是、理論聯繫實際的唯物主義的思想路線。臺共無
疑應當學習國際革命的經驗，但這種學習必須是同台灣的實際相結合的，決
不能只是機械地照搬別國革命的具體公式。以王萬得為首的臺共教條主義者
認為，共產國際的指示都是無條件正確的，只要照著這些指示去辦就有了把
台灣革命引向勝利的確實保證，這是顛倒了主觀與客觀、認識與實踐的關係，
把人的主觀認識當成了先驗的東西，這是在露骨地提倡唯心主義的思想路
線。從這種唯心主義的思想路線出發制定出來的黨的政治路線和有關的方針
政策，是難免不犯錯誤的，是必定要在實踐中碰壁的。臺共二大所提倡的這
種把馬克思主義教條化、把共產國際指示和決議絕對化、神聖化的錯誤傾向，
後來造成了嚴重的後果。

---

〔註48〕 「台灣總督府警務局」：《台灣社會運動史——共產主義運動》，《台灣共產黨
　　　　改革同盟的成立》，臺北：創造出版社 1989 年版，第 124 頁。

## 二、台灣共產黨黨員缺乏鬥爭經驗

　　上海讀書會事件在發生之前，日警就已經開始了採取抓捕臺共黨員的行動，如果臺共黨員處理得當的話，就完全可以避免臺共組織的破壞。然而，由於臺共黨員缺乏鬥爭經驗，或自我保護意識不強、警惕性不高，所以釀成了臺共剛成立即遭破壞的惡性事件。對此，謝雪紅曾反省道：「記得 4 月 22 日或 23 日中午，劉守鴻在樓下廚房淘米的時候，有個鄉下婦女模樣的人進來問他：『你們怎麼不雇用娘姨？要不要娘姨？』劉守鴻說：『我們不用。』並趕她出門。劉上樓來還笑著說：『我們還能用一個娘姨嗎？』後來，我們發現這個女人是敵人派來偵察我們住所的周圍環境的，楊金泉也幾次看過這個女人在小巷徘徊。無疑的，我們當時已被敵人包圍了。」〔註 49〕4 月 24 日晚，林木順把成立大會以及隨後召開的擴大會議的文件拿到翁澤生的住所，與翁澤生、謝志堅、潘欽信、陳來旺等一道整理。當時，為了保存讀書會和臺共黨成立的文件，籌備會在翁澤生住處不遠的一條小里弄租了一間小房間，「由中共上海地下黨組織推薦一位女工住在那裡，又由林木順假裝成她的丈夫在那裡出入，所有文件都存在那裡」。林木順與翁澤生等人把文件整理完之後，時已深夜，林木順就把這些文件用紙盒裝好，準備帶回那個女工住處。他剛走近那個小弄堂口，便發現有人在那裡盯梢，他不敢進去，於是轉到謝雪紅、劉守鴻等人住處，與林松水擠在一起。他沒有把這事告訴大家，而且他還把文件帶在身邊。這又是一個嚴重的疏忽！正是這兩次疏忽導致了嚴重的後果。〔註 50〕

　　另外，還有趙港被抓，純屬意外。1931 年 3 月 23 日，有兩個「刑事」（專門取締流氓、賭博、妓女的便衣警察，一般叫流氓警察。）到趙港的住處，目的是要抓妓女的；但是，當時趙港以為要來抓他，一時驚慌得很，把他正在寫著的文件塞進口裡咽下去，陳德興得以逃跑了。這時流氓警察看到趙港的行動慌張，懷疑起來，就把他抓去。趙港在被押到派出所和北警察署的路上一直喊：「台灣共產黨萬歲！」的口號，於是他的身份暴露了。〔註 51〕後來，我們才知道：趙港被捕當時，他以為敵人是有意要來逮捕他的，他感

---

〔註49〕謝雪紅口述，楊克煌筆錄：《我的半生記》，臺北，楊翠華出版 1997 年版，第 254 頁。

〔註50〕謝雪紅口述，楊克煌筆錄：《我的半生記》，臺北，楊翠華出版 1997 年版，第 255 頁。

〔註51〕楊克煌遺稿，楊翠華整理：《我的回憶》，臺北：楊翠華出版 2005 年版，第 99 頁。

覺是逃不了，於是他就在被押到警察署的路上一直大喊「台灣共產黨萬歲！」的口號。其實，趙港被關到留置場時，敵人還不知道他的姓名。有幾個「高等刑事」到留置場來看他，最後，他被其中一個高等刑事認出來。這時，趙港才知道敵人是無意中抓到他的。〔註52〕

## 三、少數台灣共產黨黨員的革命意志薄弱

　　上海讀書會事件發生後，雖然日警發現了臺共的建立，但是他們還不瞭解臺共的具體情況，因此，日警對於臺共的組織系統一時也束手無策。然而，已經在臺的四名臺共黨員：潘欽信、謝玉葉、蔡孝乾、洪朝宗得知日警搜捕臺共黨員的消息，猶如驚弓之鳥，生怕被日警抓獲，不經臺共黨組織的批准，便擅自逃亡祖國大陸。為此，日共對臺共黨員的潰逃行為予以嚴厲的批評：「由於是知識分子所指導的黨，甚至黨員的 100% 全部由知識分子佔據，故一旦遭受白色恐怖的襲擊，即刻引起機會主義的動搖。……一旦傳聞檢舉消息，即行協議逃走，各自放棄工作，爭先走避日本或支那（中國）。暴壓使知識分子在白日下暴露出動搖性和機會主義，且用事實證明了由知識分子構成的黨是如何的無力。」〔註53〕

　　1930 年初，正是臺共處於極端困難時期，一方面是日共黨組織遭到日警的徹底破壞，使得臺共與其上級組織日共中央完全失去聯繫；另一方面是謝雪紅、楊克培等人經營的「國際書局」生意清淡，營業日益困難，臺共已沒有什麼活動經費。在困難面前，臺共領導人林日高、莊春火革命信念發生動搖，相繼退黨。對此，楊克煌對他們退黨過程作了很清楚的陳述。他說：「十月間，有一天謝雪紅叫我去找林日高，我到太平町參行找他。他見我來和我談了一會兒，即從他辦公桌的抽屜取出一封寫好的信給我，要我帶回去給謝雪紅。我把信帶回來給謝，信的內容是：『臺共黨長期找不到上級的領導關係，黨的組織和工作已有發展，我做為領導人之一，能力差應付不了形勢發展的需要；而且，黨的財政困難，自己再沒有力量維持下去，因此，聲明要脫離黨的組織。』謝雪紅看了這封信後大吃一驚，把信交給我，並立即叫我

---

〔註52〕　楊克煌遺稿，楊翠華整理：《我的回憶》，臺北：楊翠華出版 2005 年版，第 100 頁。

〔註53〕　「台灣總督府警務局」：《台灣社會運動史——共產主義運動》，《台灣的黨組織活動方針及其組織狀態》，臺北：創造出版社 1989 年版，第 103 頁。

到基隆找莊春火來，莊來國際書局時，謝雪紅把林日高的信給他看，徵求他的意見。他看信後，沉默了一會兒，即說他也和林日高有同樣的看法。他說礦山的下級幹部需要有推動力來幫忙他們，而他實在沒有能力可以應付；他們不但要求領導出主意，而且要求經費。目前，他只能開『空支票』，一拖再拖，而今實在再負擔不起了，於是，莊也表示退黨。」〔註 54〕他們的退黨，一度使得臺共的工作陷於停滯的狀態，嚴重影響了臺共的發展。

# 附　錄

## 一、瞿秋白與翁澤生、潘欽信及陳德興的談話記錄
### （1930 年 10 月）〔註 55〕

一

台灣共產黨沒有支部，也沒有強而有力的指揮機構；因此我們可以說，台灣還未建立一個真正的政黨。

現在，還有許多工作需要盡早解決；因此，有必要召開一次緊急會議，來檢討第一次代表會議（即創黨大會）所議決的黨綱領與戰術，並建立新的布爾什維克綱領與戰術。

在此必須特別指出的一點是，如果黨沒有以工人為基礎，這樣的黨就不會穩固可靠。現在，台灣的群眾組織成員雖然已經超過了 1 萬人，不過台灣共產黨的無產階級基礎卻非常薄弱；如果這種情況繼續下去，黨的布爾什維克化就無法確保成功。關於這一點，台灣的同志必須特別注意建立黨的無產階級基礎。

同時，召開這次會議需獲得共產國際的同意。雖然你們現在與中國共產黨有所聯繫，但處理台灣共產黨的各種問題，並不是單靠中國共產黨的權威就可以解決。因此，我們只給予你口頭（非書面）的勸告（非命令），緊急會議需以日本共產黨民族支部的名義召開。至於共產國際與你們的關係，則應通過中國共產黨來建立。

---

〔註 54〕楊克煌遺稿，楊翠華整理：《我的回憶》，臺北：楊翠華出版 2005 年版，第 82
　　　　～83 頁。
〔註 55〕俄羅斯國立社會政治史檔案館／全宗 495／目錄 128／案卷 10，第 57～66 頁。
　　　　原件，手稿，英語。

## 二

在當前環境下，召開該會議必須根據布爾什維克的原則，也就是說需符合超過全黨三分之一以上的黨員連署要求召開的條件。如果機會主義的領導人同意此種會議構想，當然就不會有問題。不然的話，問題的解決就得從基層的政治宣傳工作逐步做起。

## 三

該項會議的討論要簡單，不過議程必須包括以下各項：

A. 選舉新的中央委員會。

B. 通過新的黨章。

C. 新的綱領與戰術條文：關於工會運動、農民運動、婦女運動、共青團及赤色救援等問題的相關規定。

## 四

綱領與戰術：

（A）綱領：綱領內容必須簡單清楚，並應包括以下的內容：

1. 整體而言，日本現階段的革命為無產階級革命，不過同一時間，也仍有民主革命的任務尚待完成。因此，台灣現階段的革命地位，就像俄羅斯革命時期該國境內的各個韃靼民族一樣。雖然台灣的革命屬於民主革命，不過它必須反對民族資產階級，並與日本無產階級保持合作聯繫。因此，在台灣革命的一邊是工人、農民與原住民大眾，另一邊則是帝國政府與日本資產階級。現階段台灣革命的目標，在於建立工農政府。（關於這一點的宣傳必須立即開始）

2. 工人的要求：例如像是 8 小時工作制；工人參與產業管理；沒收帝國主義者的企業與財產；我們必須在這裡指出，農場工人應被劃在工人這邊而不是農民那邊。

3. 貧農要求：例如像是沒收地主階級土地。（沒收的土地是否平分的問題應該由台灣共產黨來決定，台灣共產黨應該就這個問題進行討論研究。

4. 民族問題：絕對獨立的主張不容妥協；台灣人、日本人與原住民的無產階級與勞動群眾一律平等。

5. 婦女與青年的要求。

（B）戰術

　　堅決反對地方自治聯盟的資產階級改良主義者；台灣民眾黨是台灣革命最危險的敵人；我們必須與他們全力戰鬥，特別要與「左派」的民族改良主義者展開戰鬥。

　　首先，我們應該積極主動的運用由下而上建立的統一戰線，將廣大工人、農民與.勞動群眾團結到我們的周圍，由我們的黨來領導他們。

　　第二，我們需特別指出的一點是，需將黨的發展實際面貌呈現在社會大眾之前，需向社會大眾公開赤色工會綱領。現在的機會主義領導將黨的原則暗藏起來，在這種條件下，黨怎麼能夠掌握廣大的群眾呢？

　　因此，除了一般綱領之外，還需針對台灣工人與農民急迫需要，提出行動綱領。

　　（C）組織問題

　　全力在工廠組織黨支部，特別是在重要的產業工廠。不應該過度依賴海外同志回臺掌握指導工作；工人，至少是那些獲得工人信任的同志，應被提拔進入領導機構。雖然中央委員會成員現在不能被任意更迭，但應該根據這一原則選出。同時黨需特別注意以下的各種情況：秘密工作；提名者是否為破壞者；是否為間諜。

　　（D）工會運動

　　目前存在一些工會基礎。為發展工會組織並在重要的產業部門建立工會，最近的主要工作應該集中在成立赤色總工會籌備委員會。與紅色工會國際建立密切的聯繫。為掌握受黃色工會影響的群眾，應在黃色工會內組織赤色小組。應特別注意農村工人的組織工作。農場工人應被組織到工會系統。

　　（E）農民運動

　　農民組合應全力掌握小農與貧農的廣大群眾，並防止富農掌握控制組織。地方的農場工人組織應參與農民組合運動，但全島的農場工人組織，應參加全台灣總工會的組織。防堵民族改良主義與黃色農民組合的影響力。將受到黃色農民組合影響的群眾，爭取到赤色農民組合的陣營。

　　（F）共青團的工作

　　工廠應被視為組織共青團的基地，大力吸收積極的工人青年進入共青團。應先成立共青團支部，再由下而上組織中央委員會。基於激發青年鬥志的目的，應特別注意青年的特殊需要。

（G）婦女運動

基於激發婦女鬥爭意志的目的，應該提出婦女的特殊需求口號。工會應特別注意發展吸收女會員。黨內應成立婦女發展部。

（F）原住民運動

選擇適當同志來學習原住民語言，好協助推展原住民工作。應在原住民間成立與我黨聯繫合作的革命政黨。向原住民群眾深入說明我們黨的民族綱領，根據這個民族綱領，他們將擁有自決的權利。

## 五

當前黨的主要危險來自於右派機會主義，機會主義將黨的原則對外加以掩飾，導致工人、農民與勞動群眾無法團結到黨的周圍來，因此，黨應該全力來徹底消除機會主義，向社會大眾公開宣傳我們黨的原則。另外，黨應該發行大眾刊物，這是台灣共產黨最重要的任務。領導即將興起的各種罷工也是黨的一項迫切任務。黨與赤色工會應該以自己的名義出面領導這些罷工，並在鬥爭中發展組織並擴大影響。支持原住民革命運動也是台灣共產黨一項急迫任務。黨應該盡全力讓原住民瞭解黨的民族政策綱領，讓他們知道只有我們黨才能領導他們的革命運動達到勝利成功的目的。黨也應該激發日本與韓國的無產階級來支持原住民的鬥爭。支持中國的蘇維埃政權，反對干預中國革命；反對日本派兵前往中國；這些都是當前台灣共產黨的急迫任務。

## 六

如果這次會議能順利成功召開，中國共產黨能為你們提供一些服務，幫你們把相關報告送共產國際接受審查與批准。台灣的工會應與太平洋勞工會議秘書處保持聯繫，農民組合應該與紅色農民國際維持密切關係。關於這件事情，中國共產黨將會全力協助你們。我們希望台灣共產黨、赤色工會與赤色農民組合每一個月都能給我們一次報告。太平洋勞工會議秘書處將給予台灣工會精神與物質的幫助。如果台灣工會要出版組織刊物，該秘書處可以提供部分金錢來資助印刷費。我們希望台灣共產黨選派工人到莫斯科念書，當他們抵達中國時，中國共產黨將在技術問題上給予全力幫助。

## 二、遠東局女工作人員與翁澤生、潘欽信的談話記錄（1930 年 11

月 26 日） 〔註56〕

### 1930 年 11 月 26 日莉莉與台灣同志們的談話

翁澤生——目前是江西省委組織部的主任，從 1925 年起成爲中國共產黨黨員，在此之前生活於台灣。1922 年，開始參加台灣文化教育機構的工作，後來參加了青年反帝同盟。1925 年，進入上海大學，並與其他同學一同參加了 1925 年的五卅運動。就在這個時期，他加入了中國共產黨。過了一段時間，他被派往福建工作，隨後去了漢口。1927 年，他繼續從事中國共產黨的工作。當時，他還得到了中共中央的正式批准，於是積極地尋求與台灣革命運動建立系統的聯繫。1928 年，台灣共產主義者的第一次代表大會在上海召開，會上成立了台灣共產黨。代表大會閉幕不久，臺共的領導人就被捕了。此事使共產主義者的隊伍慌亂不堪，一部分黨員立刻離開了革命運動；一部分黨員不能恢復台灣的工作；只有爲數不多的黨員潛入這個國家的內部。例如，他和另一個參加我們這次會面的同志留了下來，在中國共產黨內工作。在 1929～1930 年間，他在 3 個省的組織部工作。與此同時他通過私人通信，通過與來自台灣的同志會面，繼續保持與台灣共產黨的聯繫。中央委員會的一部分台灣同志被捕後（是日本共產黨被破獲導致的），1930 年 5 月，台灣共產黨中央代表第一次來到上海，希望與共產國際領導人（他們到上海後知道了共產國際領導人當時在這個城市）或中國共產黨建立聯繫。現在，這個中央代表被開除黨籍了，原因是他拒絕組織和領導獨立的共產主義運動，並堅持資產階級自由主義觀點。……他主張放棄建立共產主義政黨，放棄工會的罷工鬥爭，放棄組織農民組合，其理由是：台灣當今處於日本反動派的嚴屬統治下，不可能進行革命鬥爭。他還主張以爭取成立議會代替革命鬥爭，通過議會道路逐步捍衛台灣的獨立。

接著，翁同志以他掌握的信息爲基礎，說實際上，台灣並不存在眞正的共產主義組織。眼下，黨在形式上有 20 名黨員，但是其中相當大的部分，大約有一半，頂多是尾巴主義者。即使他們不像上述那個被開除黨籍中央的人那樣談論議會（路線），也至少會完全放棄對工人、農民的革命鬥爭黨的領導。他援引了這樣一個事實（它不久前發生在嘉義）：失業的礦工和工作中的礦工

---

〔註56〕俄羅斯國立社會政治史檔案館／全宗 495／目錄 128／案卷 10，第 1 頁及其背面。原件，打字稿，俄語。

計劃舉行一次罷工，原因是日本企業家大幅降低工資，還試圖踏著工人的軀體走出危機困境。黨採取的路線是反對組織這次罷工，藉口是罷工反正不能成功，還會導致日本帝國主義者把黨的最後一點殘存力量消滅殆盡。接著，黨在臺北也向農民組合下達指示：不得舉行反對日本帝國主義野蠻對待原住民的抗議遊行。關於這一擬議中的遊行，黨自己拒絕散發傳單。很大一部分黨員宣揚在台灣的政治體制改變之前，應堅持消極主義和不抵抗主義。翁同志還舉了黨組織拒絕領導台灣農民鬥爭的例子。黨拒絕領導 Hena 的農民講演會；之所以舉辦該講演會，是因為日本當局企圖以強制手段，迫使這個地方種植蔬菜的農民向一家日本公司出售所有的產品。翁同志說：「工人的組織和農民的組織尋找黨，要求領導他們，然而，黨不但沒有領導和組織群眾，反而壓制群眾的革命積極性。

關於台灣農民組合，翁同志通報說：其成員計有 145000 人。他知道，在台灣農民組合的一些委員會裏，存在共產主義者。至於工會運動，據他的消息，所有工會的成員過去計有 14000 人，後來，這些成員分裂成兩個部分，第一部分有 1 萬人，追隨黃色工會；第二部分約有 4000 人，追隨左翼工會。黃色工會有自己的中心，赤色工會則沒有。當初分裂之時，黨沒有給予應有的注意，沒有及時提出成立革命工會中心這個問題。因此，現在要領導少數革命者極為困難。在翁同志看來，黨消極被動，害怕在群眾面前表現自己，害怕在某種程度上展示自己的積極性，其原因有兩個方面：

其一，黨內存在一個相當大的知識分子階層，其中的一部分與富人、地主有聯繫。這部分知識分子膽小如鼠，絕對不能進行革命鬥爭（順便說一句，5 月份來上海的臺共中央的那個代表是大地主的兒子，他沒有與父親斷絕關係，這是他被開除黨籍的原因之一）。

其二，完全缺乏與日本共產黨、共產國際執行委員會的聯繫以及他們的領導。在好幾年裏，台灣的共產主義者完全是放任自由、自行其是，沒有獲得任何指令、指示和消息。黨內畢竟有一些優良的忠誠的黨員，可是他們在政治上茫然無知。如果得到必要且適當的領導，真正的共產主義組織是可以在台灣立足的。在台灣，就組織和領導工農群眾的革命鬥爭來說，有絕對良好的土壤。黨至今沒有利用這些條件，但是，將來黨能做這件事。正是由於這個緣故，建立台灣共產主義者與共產國際領導人之間的聯繫，顯得如此迫切、如此必要。關於這個問題，翁同志說：日本共產黨遭到破壞以後，台灣

共產主義者與日共的直接聯繫將長期無法恢復。台灣人請求中國共產黨中央委員會領導他們，但是，中共不願擔負獨立解決這個問題的職責。這就是台灣人再一次執著地把這個問題置於共產國際領導人面前的原因。絕對必須把政治策略方面的指令，下達給那些共產主義分子——他們接到正確的指令後，就以之為指南，開始動員工人組織和農民組織中的革命分子，把革命大業推向前方。翁同志認為，向台灣下達這些指令的時候，可以同時派遣潘欽信前往那裡。此人現在帶著這個使命從廈門來了。可以把潘同志視作一個優秀的共產主義者加以推薦。

潘的自我介紹如下：1928 年以前，他是青年反帝同盟的成員，1928 年來到上海參加台灣共產主義者第一次代表大會。這次大會之後，黨組織被破獲，在這之後，他終究回到了台灣。但是他從那裡被派往廈門，與他一同被派遣的還有一個中央委員會委員。潘同志不太清楚派遣自己的原因。一個中央委員告訴他：他不能待在台灣，他非得離開那裡不可（也許與黨組織被破獲有關）。1928～1930 年，他在廈門工作。近期擔任廈門城市委員會的秘書。

5 月份，臺共中央代表路過廈門時，會見了潘同志，對他說現在他能回台灣工作了。所以，他帶著廈門黨組織的許可證明來到上海，希望獲得中共中央的許可證明和共產國際領導人的指示，然後前往台灣。翁同志說上海還有一個台灣人，他是台灣農民組合的代表，原計劃前往參加工會國際的大會，但是誤了會期，現在要返回台灣。對他，也應該下達指示。

根據翁同志掌握的信息，關於 10 月份的暴動，中共中央近期應該得到一封內容詳盡的信函。他自己是從報紙上收集信息的，所獲不多。這次發動暴動的部落在近些年裏頻繁地進行暴動，暴動中他們毀壞了日本人的建築，打死了員警，原因是日本人有步驟地從他們的土地上驅趕他們，並強迫這些部落的人在各種各樣的工程中無償勞動。例如，最近的這次暴動，是由兩個原因直接誘發的：其一，日本人在湖畔建造水壩，以便建造大發電廠。為此，日本人企圖把一切住在高地上的部落遷移到山裏去。其二，為了建造發電廠，日本人雇用這些部落的人伐木，但是卻拒不支付工錢。

我提出一個問題：是否可以作出這樣的推測——在這些運動中存在來自某個革命組織的領導？翁同志回答說：關於這點，他沒有確切可靠的信息；不過，他認為台灣農民組合領導了這次鬥爭，因為在前述各次暴動中，情況總是如此，即台灣農民組合煽動暴動，編製計劃，盡可能地供給武器，部分

成員直接參加了武裝鬥爭。

## 三、謝雪紅致共產國際執行委員會的信（1931 年 4 月 25 日）〔註57〕

親愛的同志們

1. 我們的代表（去年前往上海）已經回到台灣。他向黨組織報告他的工作，說「他在上海沒有參加工作，回來時也沒有被交付使命。」然而，當他在地方的黨組織工作的時候，他開始對那些負責同志宣傳：「共產國際派我回來，為的是要我評估過去的各種錯誤。這還沒有任何結果。因此，共產國際想重新組織黨組織。」他使用這些方法，聚攏了一部分知識分子，使他們與黨中央對抗。

2. 此人之所以能如此輕鬆地鼓動一些人，是因為下列原因：（1）在去年 10 月的會議上，黨對所有的機會主義錯誤進行了正確的評估，並期待工作出現轉機。（2）翁澤生致函我們，說：共產國際執行委員會將派遣自己的代表來台灣。我們當時以為，這個代表就是他。

3. 在 1 月 10 日的會議上，受此人鼓動的一部分人士承認了自己的錯誤，並要求他通報共產國際召集的會議。但是他回答說：「沒有必要通報這個會議。這個會議是我本人召集的……」。

4. 當黨組織瞭解這些情況，就有人提議召開特別的代表會議，以便澄清所有的問題。一部分黨員立刻同意這麼做，但是後來，他們又開始疑惑。2 月末，他們成立了「改革同盟」，同時又成立了一個純粹形式上的機構——工會。只是在成立了這兩個組織之後，他們才開始尋求與群眾聯繫，可是群眾不跟他們走，也不信任他們。

5. 他們撤銷了許多組織，總是進行誹謗和反宣傳。他們排擠同志，以便擴大自己的權勢。由於這個緣故，群眾更不願意與他們交往。

6. 翁同志不久前致函他們，說：他們應該和同志們一起，要求召開代表會議。他在信中使用了這樣的表述：「舊的中央委員會」，「新的中央委員會」……他說：中國共產黨中央委員會認為必須召開代表會議。現在，他們想向中國派遣「取消派」的領導人——王萬得。請準確地核查所有這些事實。

7. 在我們的工作日益緊張之際，突然冒出來這樣一個反對派。為了黨的

---

〔註57〕俄羅斯國立社會政治史檔案館／全宗 495／目錄 128／案卷 10，第 143～144 頁。原件，手稿，德語。

利益，我們希望盡快解決這些問題。我們請求共產國際或中國共產黨中央委員會立刻給予我們指示。

8. 我們想向你們派遣我們的代表。

1931 年 4 月 25 日

台灣

文件第 1 頁的上方左側有手寫的標注：「Rec.26／Ⅵ」；

中間蓋有印章：「2973*27.JUN.1931」。

## 四、因台灣共產主義者遭到逮捕而發出的呼籲

（1931 年夏天或秋天）〔註58〕

### 起來反對白色恐怖！

因日本帝國主義在 6 月份逮捕台灣共產黨員、革命工人、革命農民、於是向台灣工人、農民、小市民發出呼籲。

同志們！

日本帝國主義早就佔領了台灣，其統治肆無忌憚，野蠻殘暴，無所不用其極，罄竹難書。日本帝國主義非法地奪去農民的土地，榨取我們的血汗。我們的生存狀況與奴隸無異。

同志們！

日本帝國主義早已陷入持續很久的經濟危機之中。資本主義竭力擺脫危機，但是每一次它都必定受到打擊，於是，它首先把危機帶來的所有重負，轉嫁給遭受剝削的殖民地民族。資本主義施加於我們身上的剝削一天天在增加，如果不能通過重新劃分殖民地獲得工業原料產地和工業產品銷售市場，那麼帝國主義必將衰亡。因此，我們的統治階級正處於臨終前的抽搐狀態，它正在準備野蠻的帝國主義戰爭。日本帝國主義就是這樣的野獸。他們向我們徵收賦稅，和我們的鮮血，增加戰爭開支，修建鐵橋和公路，進行思想方面的整肅，在台灣和日本之間開闢空中航線等等。這難道不是爲了進行搶奪殖民地的戰爭嗎？特別要注意的是，敵人正在加強戰爭準備，其進攻的目標是社會主義國家——我們的蘇維埃聯盟、全世界工人和農民的靠山和支柱。

由於進行工業的合理化，僅僅在台灣，就有 2 萬多人被趕出工廠、成爲

---

〔註58〕俄羅斯國立社會政治史檔案館／全宗 495／目錄 128／案卷 6，第 89〜92 頁。原件，打字稿，俄語。

失業者，工資降低了 60%，工作日延長，地租、稅金上漲……。這樣，壓迫加重了，我們的生活水平成了奴隸一般。

工人同志們！就生活水平來說，我們像牛馬一樣；每個工作日，我們要工作 13～14 個小時，得到的頂多是 50～60 錢。我們怎麼能養活自己的父母、妻兒？

失業者同志們！由於生產的無政府狀態，資本主義社會把大量的失業者拋到街頭。由於經濟危機一天天在加深，失業者甚至連一把米也沒有。

農民同志們！你們生產 60 公斤稻穀僅僅得到 10 圓。茶的價格下跌，你們在種植園一共只能得到 12～13 錢。與此相反，土地稅卻增加了。日本帝國主義者夥同封建大地主侵吞我們的土地，使我們更加貧窮。你們自己清楚，這將帶來什麼樣的災難。

小市民同志們！舊的民眾黨在第三等級的擁護者的贊許之下，與日本帝國主義合作，要求「地方自治」。民族改良主義者像猴子一樣，宣佈自治聯盟成立；他們絕對不能把我們從目前的災難中解放出來。只要我們能把工人農民的力量聯合起來，我們就能取得帝國主義的勝利。我們一定要與中國國民黨的擁護者、甘地主義的信徒進行鬥爭——他們與帝國主義者同流合污，是我們的間諜和敵人。

同志們！只有台灣共產黨能把我們從目前的災難中解放出來。台灣共產黨成立於 3 年前（1928 年），她奮不顧身地保衛工人、農民、小市民的利益，與日本帝國主義的代表進行鬥爭，每天都在壯大和鞏固，並贏得你們的信任。出於恐慌，日本帝國主義在 6 月份大肆搜捕台灣共產黨黨員，把黨員、革命工人、革命農民拋入監獄。

同志們！我們應該堅決反對日本帝國主義者逮捕台灣共產黨黨員。台灣共產黨為了工人、農民、小市民的利益，進行了英勇的鬥爭。它與日本帝國主義進行了鬥爭，並且更加有力地揭露當今的各種矛盾。如果我們在鬥爭中示弱，那麼敵人就一定會發動更加野蠻的進攻，加強對工人、農民、小市民的剝削。

同志們！被捕的黨員、革命的工人、革命農民經常遭到貪婪的日本帝國主義者的殘暴的拷打；為了保護工農的利益，他們不顧自己的生死。

同志們！你們要在工廠和鄉村發起大規模的抗議，反對逮捕和囚禁革命的工人、農民。你們要保衛台灣共產黨，並要求釋放共產黨員和革命的工人、

農民。你們要幫助這些人的家庭。這是所有工人、農民、小市民的責任和義務。

我們的要求如下：

1. 馬上釋放共產黨員和革命的工人、農民。
2. 絕對地反對逮捕共產黨員和革命的工人、農民。
3. 絕對地反對解雇工人、降低工資、惡化工作條件。
4. 爭取實行「7 小時工作日」、「5 天工作周」。
5. 實行失業保障制度，由資本家承擔經費，國家承擔責任。
6. 根據男女勞動者的年齡，建立休假制度。爭取「同工同酬」。
7. 沒收國家的、社會的、寺廟的、學校的、地主的土地。
8. 爭取在農民中分配土地。
9. 正在成長、正在鞏固的台灣共產黨萬歲！
10. 共產國際萬歲！

台灣共產黨

文件第 1 頁的上方右側有標注：「5969／4Hr.20.VI.32r.」